Tu turno

Cuaderno de práctica

Bothell, WA • Chicago, IL • Columbus, OH • New York, NY

Contenido

Un buen comienzo • Comencemos

Unidad 1 • Da un paso adelante

Unidad 2 • Vamos a explorar

Contenido

Contenido

Contenido

Contenido

Unidad 9 • Las cosas cambian

Semana 1

Así creces

Semana 2

Buenos ciudadanos

Semana 3

Nuestros recursos naturales

Unidad 10 • Pensar de manera distinta

Semana 1

Expertos en resolver problemas

Semana 2

Ingenio

Semana 3

Proteger nuestra Tierra

Nombre ______________________________

Aa Bb Cc Dd Ee Ff Gg Hh Ii Jj Kk Ll Mm Nn
Ññ Oo Pp Qq Rr Ss Tt Uu Vv Ww Xx Yy Zz

A B A B

a b a b

Identificación del abecedario: ***Aa, Bb***
Nombra cada letra. Traza una línea para unir la mayúscula y la minúscula de cada letra.

Señala

Nombre ______________________________

Yo

.

Yo

.

Yo

.

Yo

.

Palabra de uso frecuente: ***yo***
Lee las oraciones: *Yo pinto, Yo leo, Yo corro, Yo como.*

Nombre ____

Illustrated by Teri Weidner

Illustrated by Teri Weidner

Respuesta a la lectura interactiva en voz alta: *El patito feo*
Comenta lo que está ocurriendo en cada recuadro. Luego, haz un dibujo de otra cosa que haya pasado en el cuento.

Juega

Nombre ____________________

Categoría de palabras: Nombres
Mira los dibujos. Pon una ficha sobre los dibujos en los que ves un nombre.

Nombre ______________________________

Aa Bb Cc Dd Ee Ff Gg Hh Ii Jj Kk Ll Mm Nn
Ññ Oo Pp Qq Rr Ss Tt Uu Vv Ww Xx Yy Zz

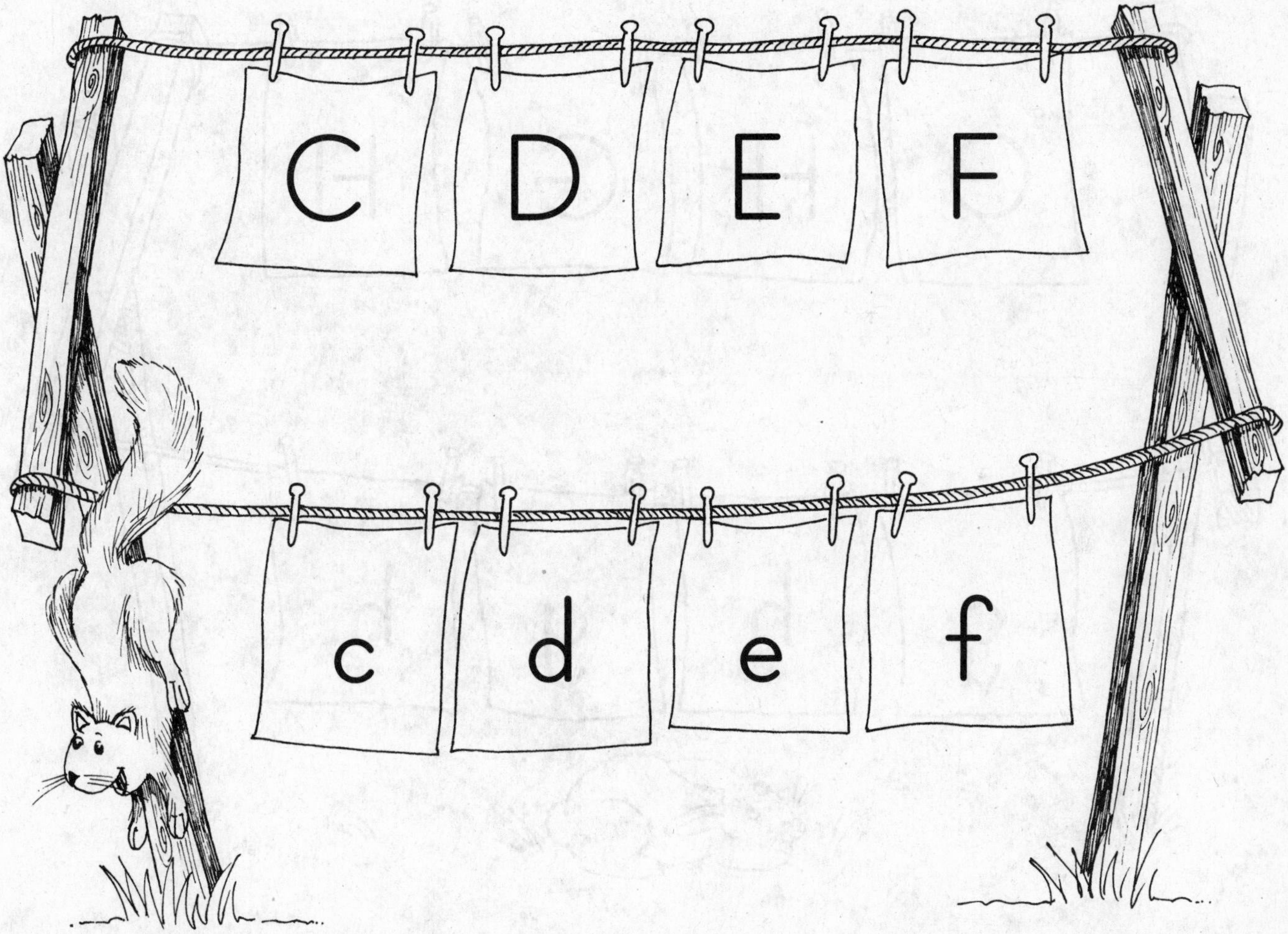

C D E F

c d e f

Identificación del abecedario: *Cc, Dd, Ee, Ff*
Nombra cada letra. Traza una línea para unir la mayúscula y la minúscula de cada letra.

Nombre ________________________________

Aa Bb Cc Dd Ee Ff Gg Hh Ii Jj Kk Ll Mm Nn
Ññ Oo Pp Qq Rr Ss Tt Uu Vv Ww Xx Yy Zz

G H G H

g h g h

Identificación del abecedario: ***Gg, Hh***
Nombra cada letra. Traza una línea para unir la mayúscula y la minúscula de cada letra.

Nombre ______________________

Yo duermo.

Palabra de uso frecuente: ***yo***
Lee el libro a tu compañero o compañera. Vuelve a leerlo para desarrollar fluidez.

Yo salto

Yo salto.

Yo corro.

Yo  nado.

Nombre ______________________________

Aa Bb Cc Dd Ee Ff Gg Hh Ii Jj Kk Ll Mm Nn
Ññ Oo Pp Qq Rr Ss Tt Uu Vv Ww Xx Yy Zz

I J K L

i j k l

Identificación del abecedario: *Ii, Jj, Kk, Ll*
Nombra cada letra. Traza una línea para unir la mayúscula y la minúscula de cada letra.

Nombre ______________________________

Yo puedo

.

Yo puedo

.

Yo puedo

.

Yo puedo

.

Palabra de uso frecuente: ***puedo***
Lee las oraciones: *Yo puedo aplaudir, Yo puedo cantar, Yo puedo saltar, Yo puedo patear.* Luego, encierra en un círculo el dibujo que muestra lo que más te gusta hacer.

Nombre ____

Illustrated by Marcin Piwowarski

Illustrated by Marcin Piwowarski

Respuesta a la lectura interactiva en voz alta: *Tikki Tikki Tembo*
Nombra a los personajes de cada recuadro. Luego, haz un dibujo de otro personaje del cuento. Encierra en un círculo tu personaje favorito.

Nombre ____________________

5 D 10

2 4 a

L 3 7

Categoría de palabras: Números
Pon una ficha sobre los números que veas en la página y nombra cada uno.

Nombre ____________________

Aa Bb Cc Dd Ee Ff Gg Hh Ii Jj Kk Ll Mm Nn
Ññ Oo Pp Qq Rr Ss Tt Uu Vv Ww Xx Yy Zz

M N Ñ O P

m n ñ o p

Identificación del abecedario: ***Mm, Nn, Ññ, Oo, Pp***
Nombra cada letra. Traza una línea para unir la mayúscula y la minúscula de cada letra.

Nombre ______________________________

Aa Bb Cc Dd Ee Ff Gg Hh Ii Jj Kk Ll Mm Nn
Ññ Oo Pp Qq Rr Ss Tt Uu Vv Ww Xx Yy Zz

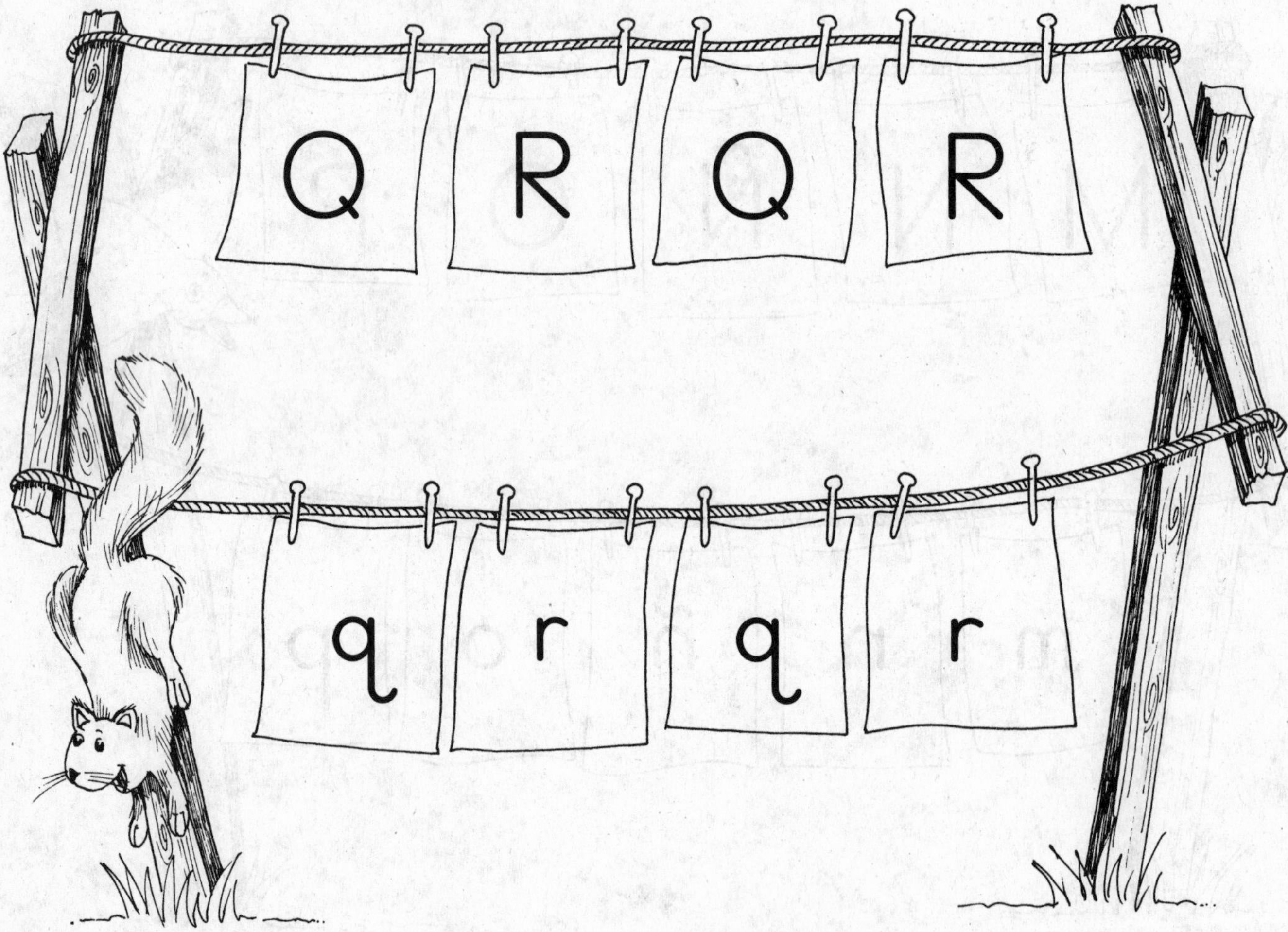

Q R Q R

q r q r

Identificación del abecedario: ***Qq, Rr***
Nombra cada letra. Traza una línea para unir la mayúscula y la minúscula de cada letra.

Nombre ______________________

Yo puedo comer.

Palabra de uso frecuente: *puedo*
Lee el libro a tu compañero o compañera. Vuelve a leerlo para desarrollar fluidez.

Yo puedo  cavar

¡Yo puedo   cavar!

Yo puedo 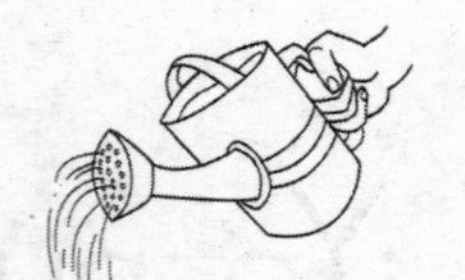 regar .

Copyright © The McGraw-Hill Companies, Inc.

Yo puedo  juntar .

Nombre ______________________________

Respuesta a la lectura del Superlibro: ***Por la calle Abecedario***
Nombra a los personajes de cada recuadro. Luego, haz un dibujo de otro personaje del cuento.

Nombre ____________________

Aa Bb Cc Dd Ee Ff Gg Hh Ii Jj Kk Ll Mm Nn
Ññ Oo Pp Qq Rr Ss Tt Uu Vv Ww Xx Yy Zz

S T U V

s t u v

Identificación del abecedario: *Ss, Tt, Uu, Vv*
Nombra cada letra. Traza una línea para unir la mayúscula y la minúscula de cada letra.

Nombre ______________________________

Yo soy 

.

Yo soy  .

Yo soy  .

Yo soy  .

Palabra de uso frecuente: ***soy***
Lee las oraciones: *Yo soy maestro, Yo soy doctora, Yo soy cocinera, Yo soy pintor.*

Nombre ____

Mary Kate Denny/PhotoEdit

Alyson Aliano/Taxi/Getty Images

Respuesta a la lectura interactiva en voz alta: *¡Los niños podemos!*
Di qué están haciendo los niños en cada recuadro. Luego, haz un dibujo de otra cosa que hacen los niños en el kindergarten.

Nombre ____

abcdef
ghijklm
nñopqrs
tuvwxyz

puedo

Categoría de palabras: Días de la semana
Mira los dibujos. Pon una ficha sobre los que muestran un día de la semana.

Nombre ____________________

Aa Bb Cc Dd Ee Ff Gg Hh Ii Jj Kk Ll Mm Nn
Ññ Oo Pp Qq Rr Ss Tt Uu Vv Ww Xx Yy Zz

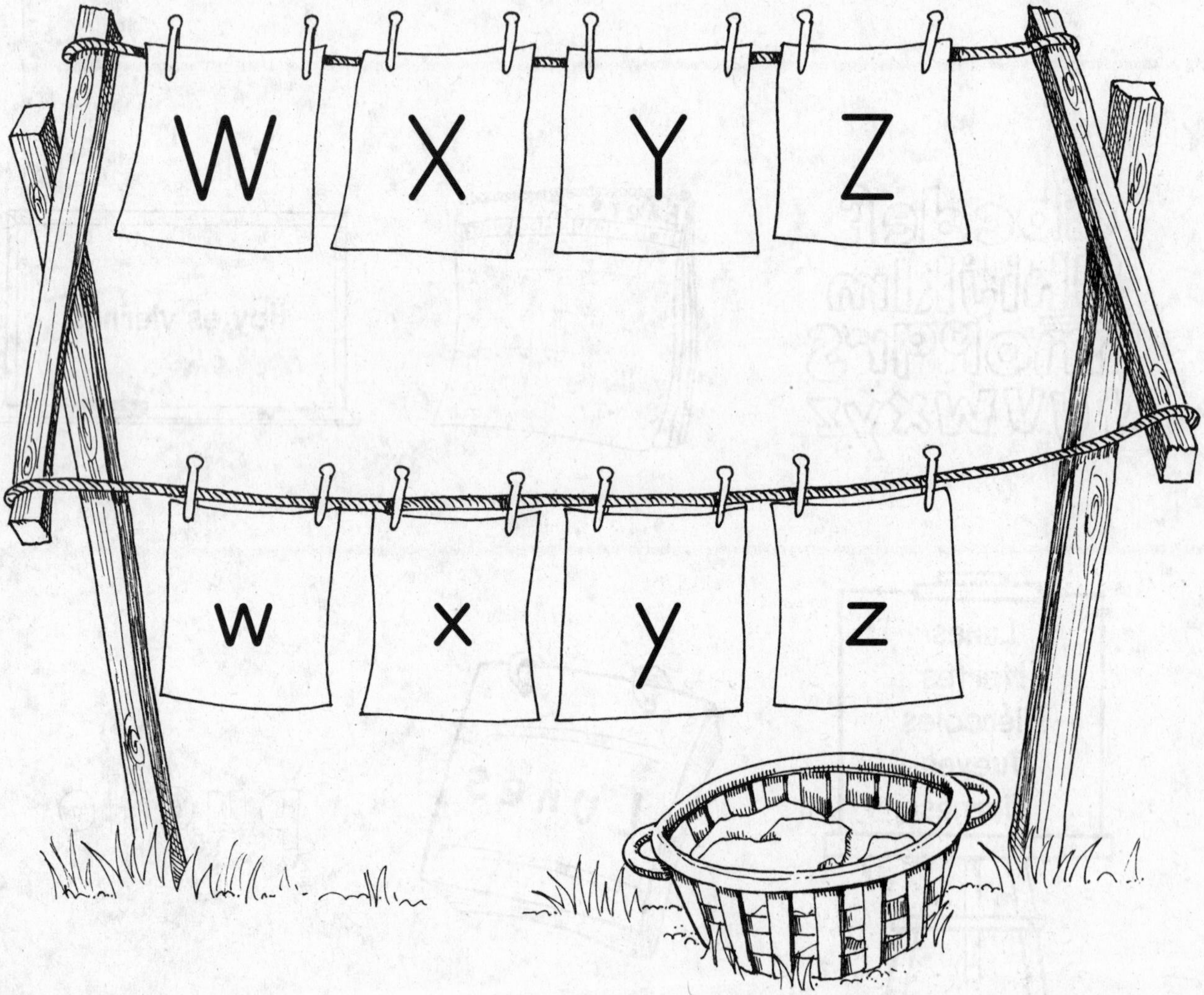

W X Y Z

w x y z

Identificación del abecedario: *Ww, Xx, Yy, Zz*
Nombra cada letra. Traza una línea para unir la mayúscula y la minúscula de cada letra.

Nombre ______________________

¡Yo soy campeón !

Palabra de uso frecuente: ***soy***
Lee el libro a tu compañero o compañera. Vuelve a leerlo para desarrollar fluidez.

Yo soy doctora

Yo soy doctora .

Yo soy detective.

Yo soy bailarina.

Nombre ______________________________

Reconocimiento fonológico: /m/
Di el nombre de cada dibujo. Pon una ficha sobre los dibujos cuyo nombre comienza con el sonido /m/.

Escribe

Mm

Nombre ______________________

m

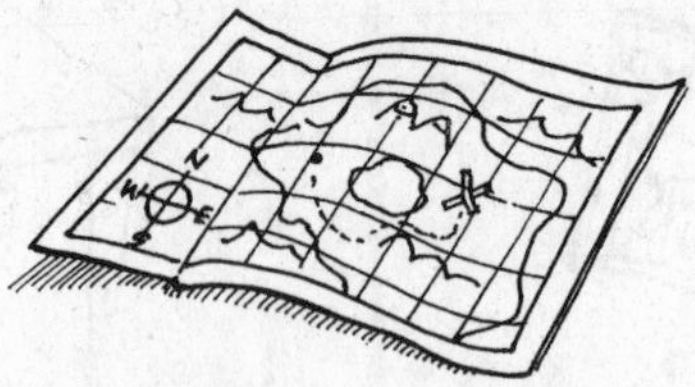

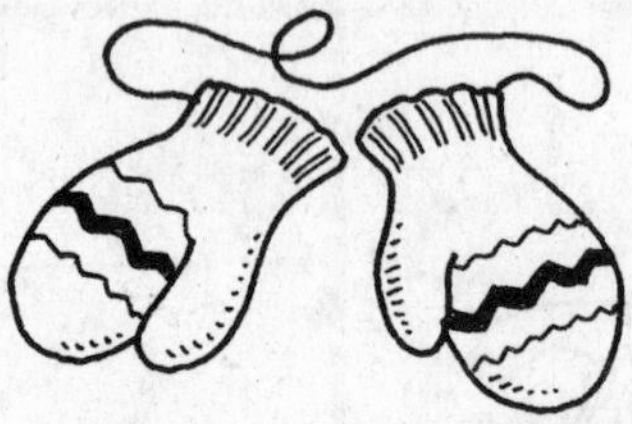

Fonética: /m/ y *m*
Di el nombre de cada dibujo. Escribe la letra *m* al lado de los dibujos cuyo nombre comienza con el sonido /m/.

Nombre ____

Comprensión: Detalles clave

Mira los dibujos de cada fila.

Encierra en un círculo el dibujo del osito feliz.

★Encierra en un círculo el dibujo de la mariposa asustada.

Encierra en un círculo el dibujo del mapache riéndose.

Nombre ______________________________

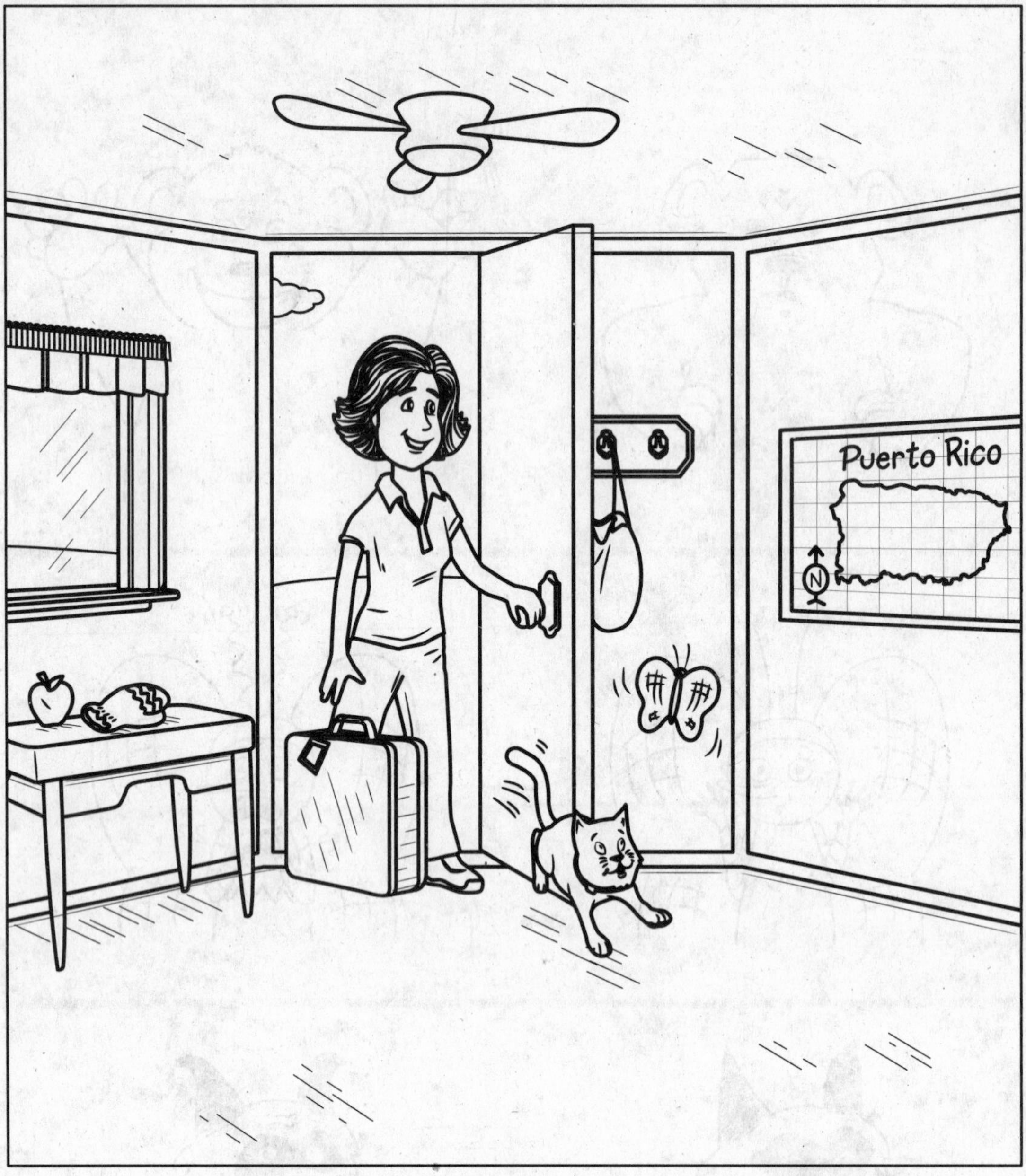

m

Fonética: /m/ y *m*
Di el nombre de las cosas que ves en el dibujo. Encierra en un círculo los objetos cuyo nombre comienza con el mismo sonido que *mapa*. Escribe la letra.

Nombre ______________________________

La amiga

Palabra de uso frecuente: ***la***
Lee el libro a tu compañero o compañera.
Vuelve a leerlo para desarrollar fluidez.

La

niña

La niña

La mamá

La 
muñeca

Nombre ____________________

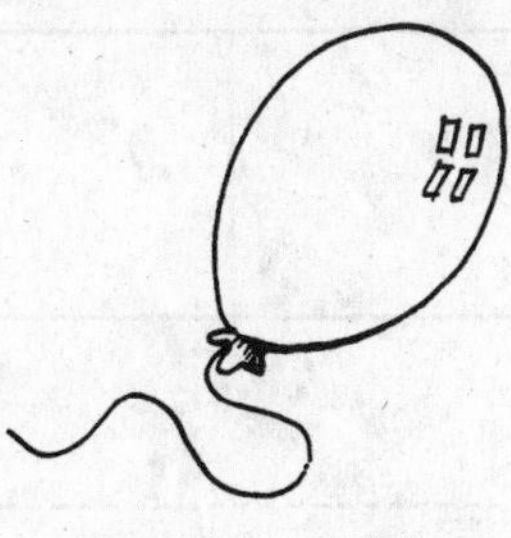

Categoría de palabras: Sentimientos
Describe todos los dibujos. Pon una ficha sobre los dibujos en los que se muestra un sentimiento.

Nombre ______________________________

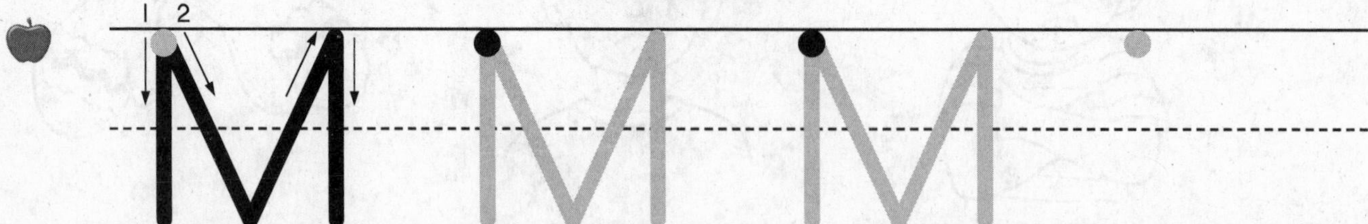

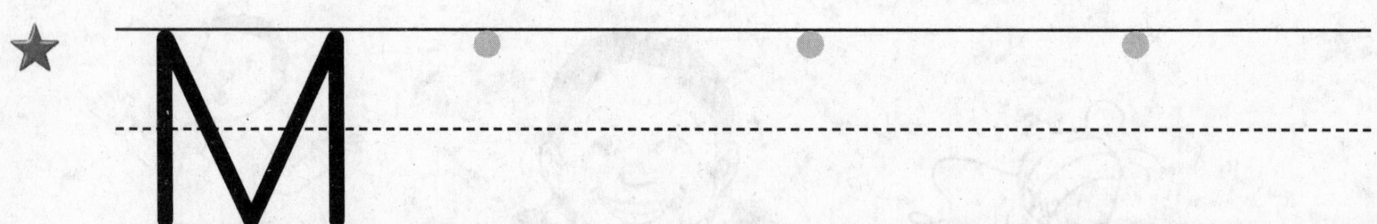

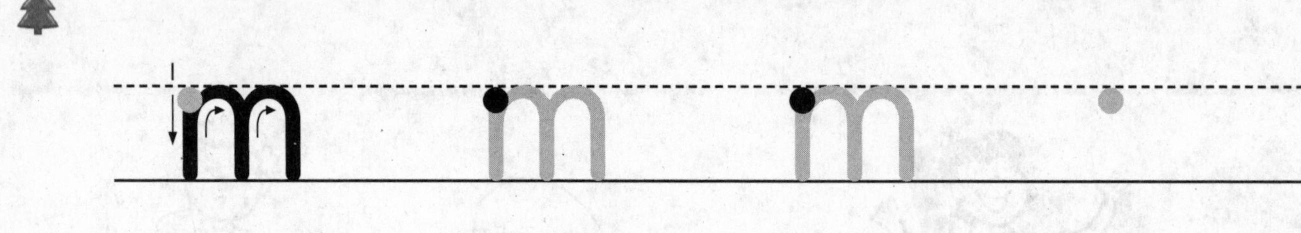

Caligrafía: *M* y *m*
Traza y escribe la letra *M*. Luego, traza y escribe la letra *m*.

Nombre ____

Reconocimiento fonológico: /p/
Di el nombre de cada dibujo. Pon una ficha sobre los dibujos cuyo nombre comienza con el sonido /p/.

Nombre ______________________

p

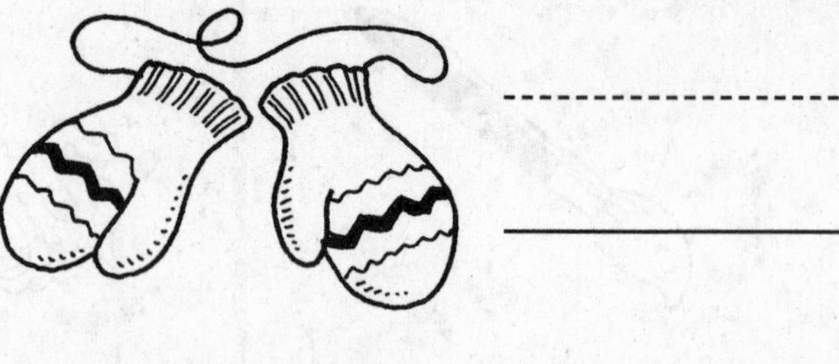

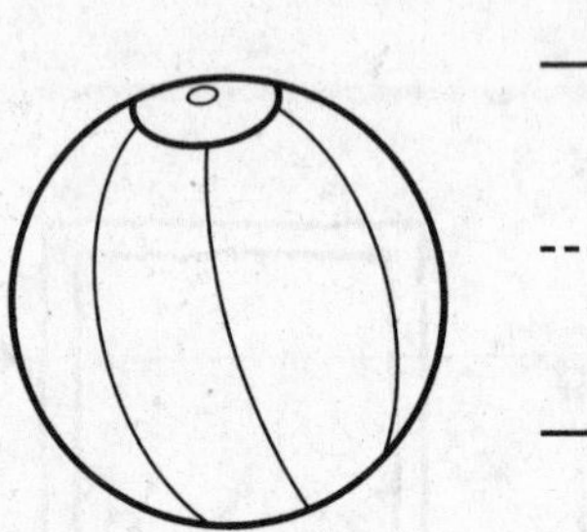

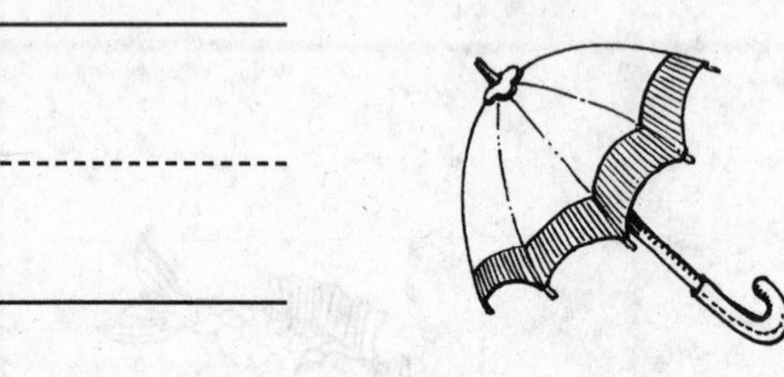

Fonética: /p/ y *p*
Di el nombre de cada dibujo. Escribe la letra *p* al lado de los dibujos cuyo nombre comienza con el sonido /p/.

Nombre ____

Comprensión: Detalles clave
Encierra en un círculo los dibujos de los animales que saltan.
★Encierra en un círculo los dibujos de los animales que vuelan.
Comenta tus respuestas con tu compañero o compañera.

Nombre ____________________

______ ______ ______ ______

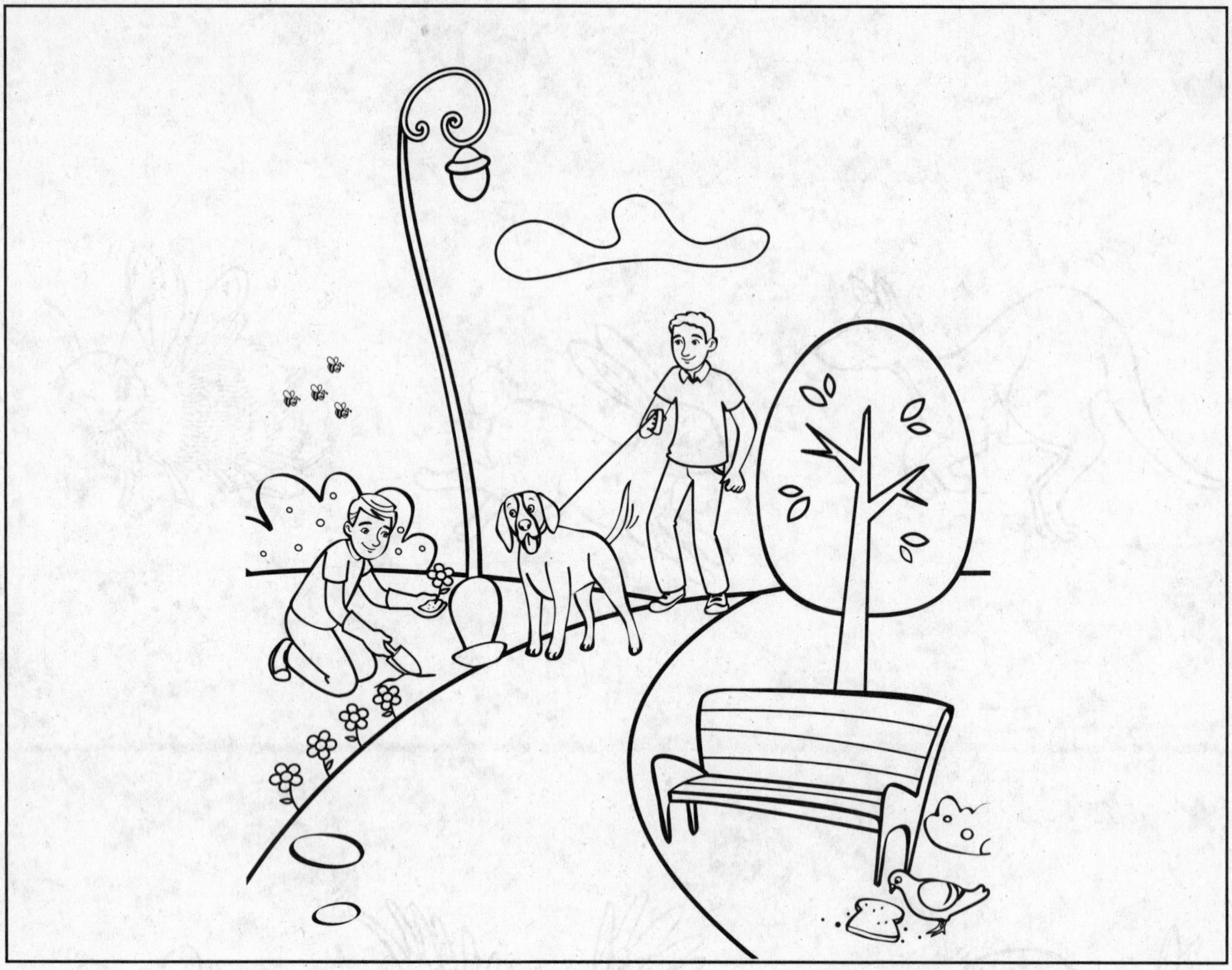

p

Fonética: /p/ y *p*
Di el nombre de las cosas que ves en el dibujo. Encierra en un círculo los objetos cuyo nombre comienza con el mismo sonido que *piano*. Escribe la letra.

Nombre ______________________________

¡Veo patos!

Palabra de uso frecuente: ***veo***
Lee el libro a tu compañero o compañera.
Vuelve a leerlo para desarrollar fluidez.

Veo, veo...

Veo picos.

Veo patas.

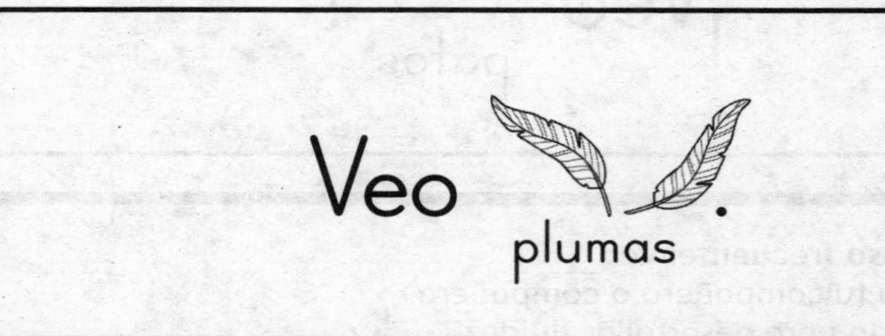

Veo plumas.

Nombre ____

Categoría de palabras: Familia
Describe todos los dibujos. Pon una ficha sobre los dibujos que muestran a un integrante de la familia.

Nombre ______________________________

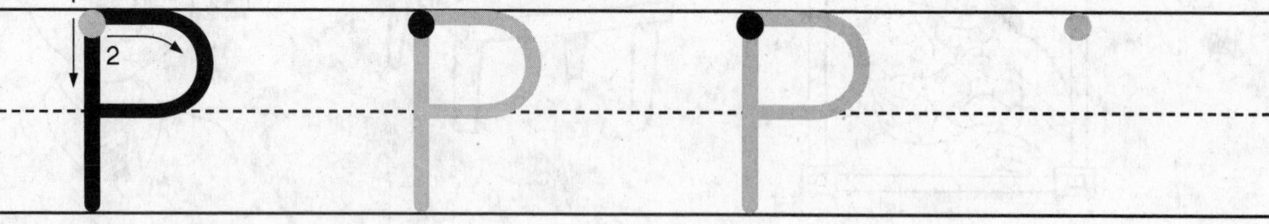

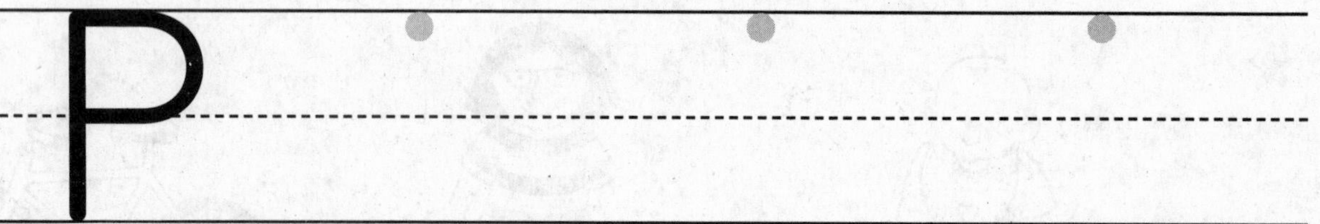

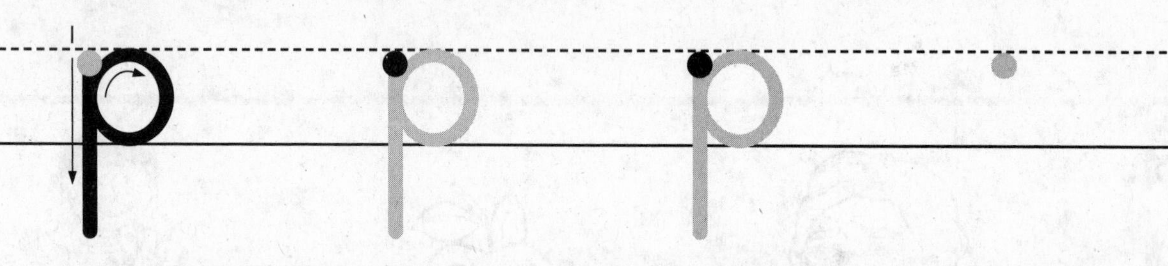

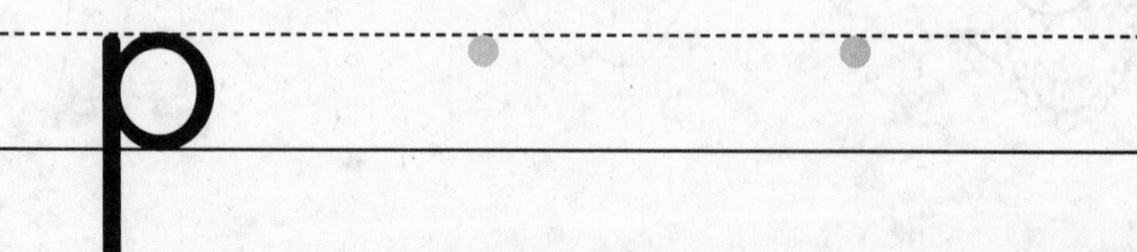

Caligrafía: *P* y *p*
Traza y escribe la letra *P*. Luego, traza y escribe la letra *p*.

Nombre ____

Reconocimiento fonológico: /t/
Di el nombre de cada dibujo que rodea la tienda. Pon una ficha sobre los dibujos cuyo nombre comienza con el sonido /t/.

Nombre ______________________________

Tt

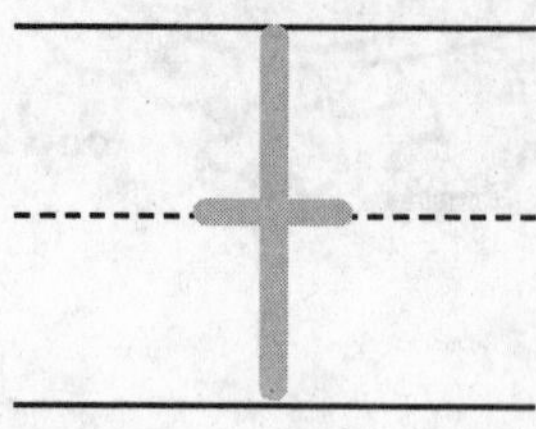

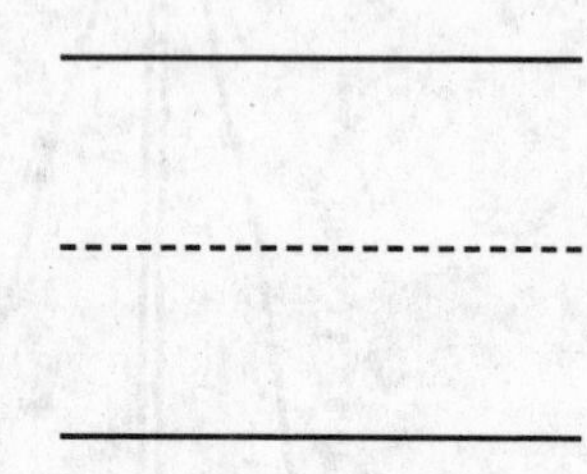

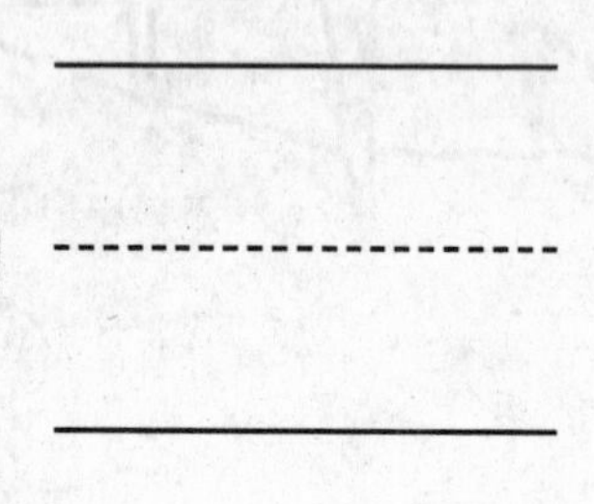
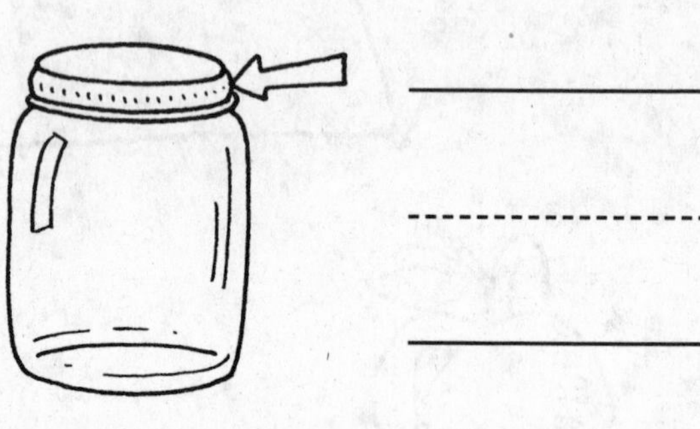

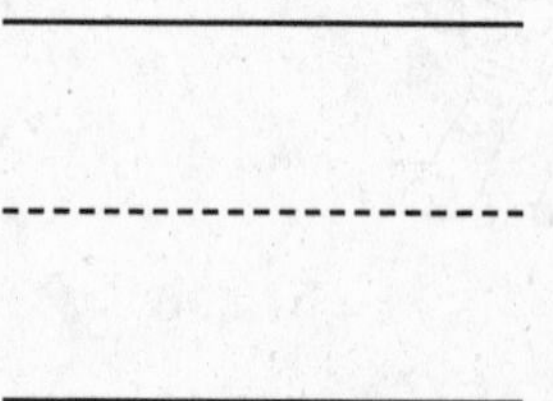

Fonética: /t/ y *t*
Di el nombre de cada dibujo. Escribe la letra *t* al lado de los dibujos cuyo nombre comienza con el sonido /t/.

Nombre ___________________________________

Comprensión: Detalles clave

🍎 Encierra en un círculo el dibujo del niño o la niña que está viendo un barco.

★ Encierra en un círculo el dibujo del niño o la niña que está saboreando un sándwich.

🌲 Encierra en un círculo el dibujo del niño o la niña que está en el agua.

Escribe

Nombre ______________________

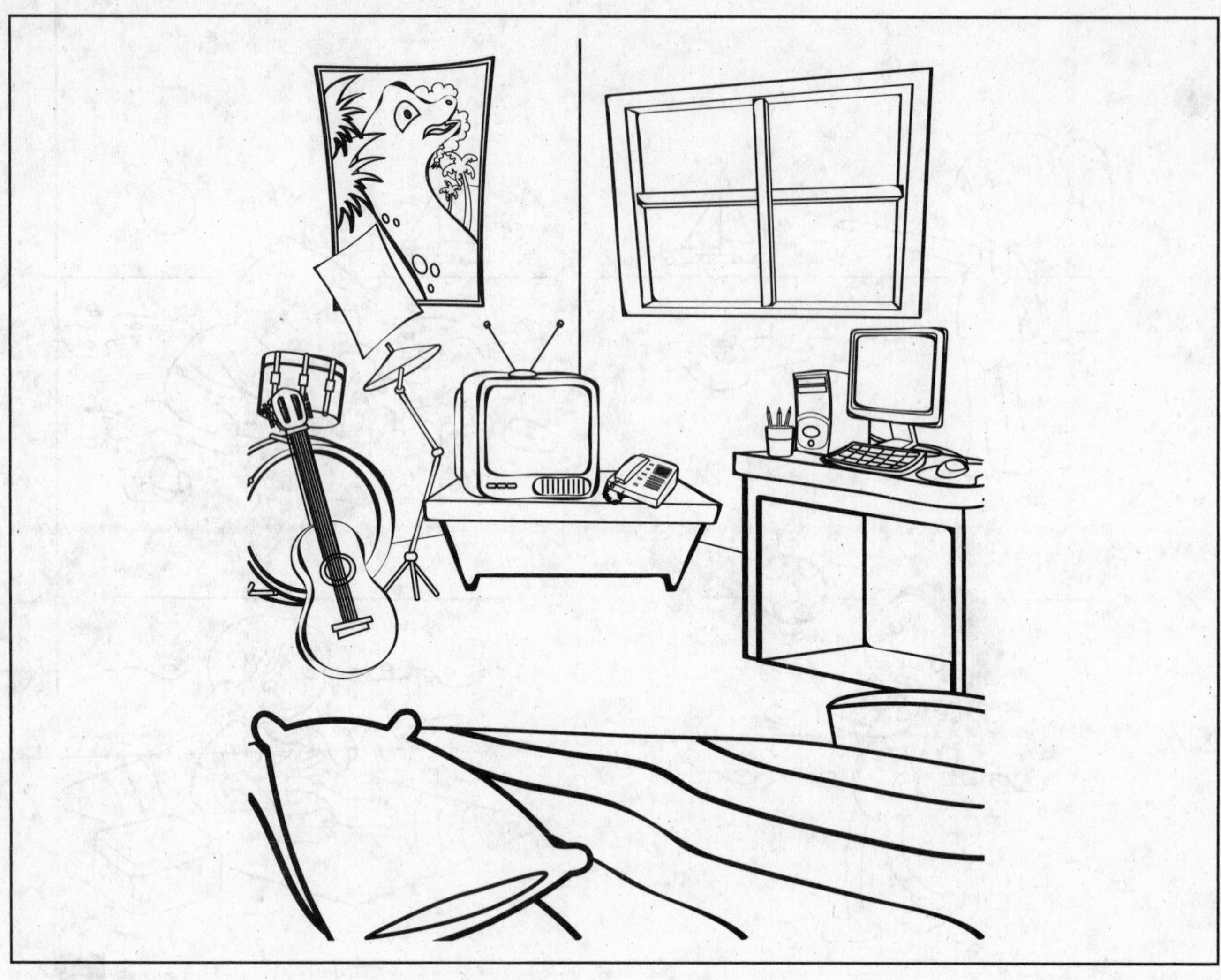

t

Fonética: /t/ y *t*
Di el nombre de los objetos que ves en el dibujo. Encierra en un círculo los objetos cuyo nombre comienza con el mismo sonido que *tortuga*. Escribe la letra.

Nombre ______________________

Tomo el tomate.

Palabra de uso frecuente: *el*
Lee el libro a tu compañero o compañera.
Vuelve a leerlo para desarrollar fluidez.

El tomate

Meto la semilla .

Tapo la  .
semilla

Veo la .
planta

Nombre ______________________

Categoría de palabras: Sentidos
Describe todos los dibujos. Pon una ficha sobre los dibujos en los que se muestra un sentido.

Nombre ______________________________

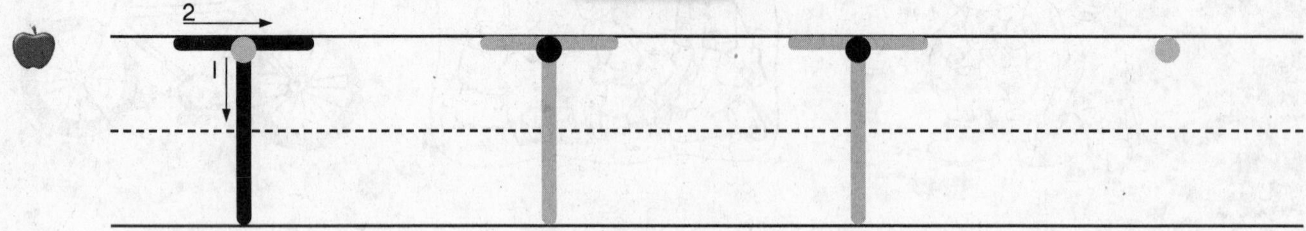

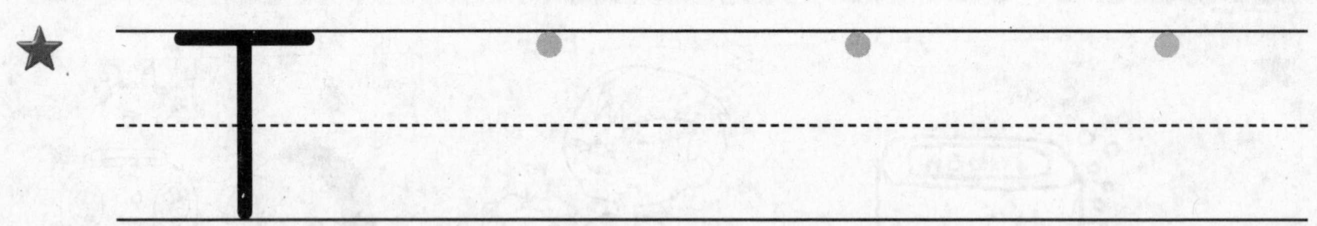

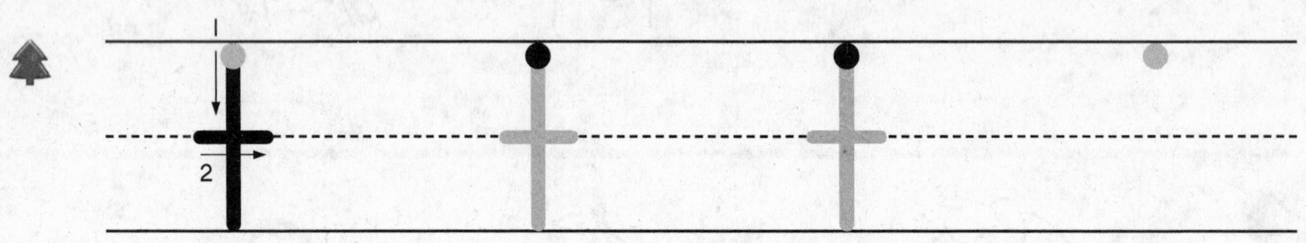

Caligrafía: *T* y *t*
Traza y escribe la letra *T*. Luego, traza y escribe la letra *t*.

Nombre ____________________

Reconocimiento fonológico: /l/
Di el nombre de cada dibujo. Pon una ficha sobre los dibujos cuyo nombre comienza con el sonido /l/.

Escribe

Nombre ______________________

Ll

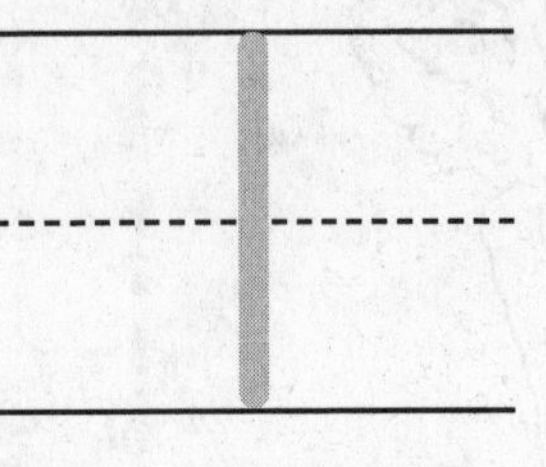

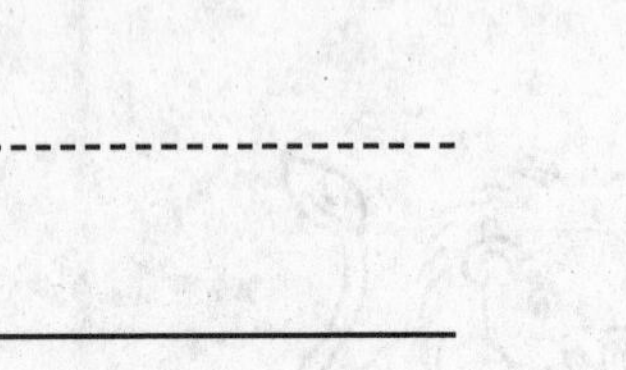

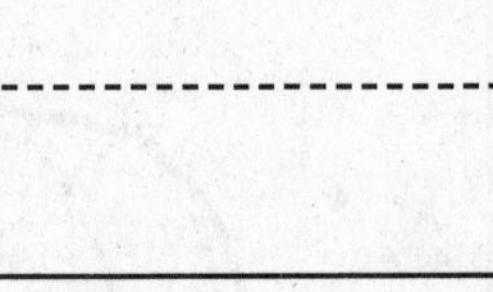

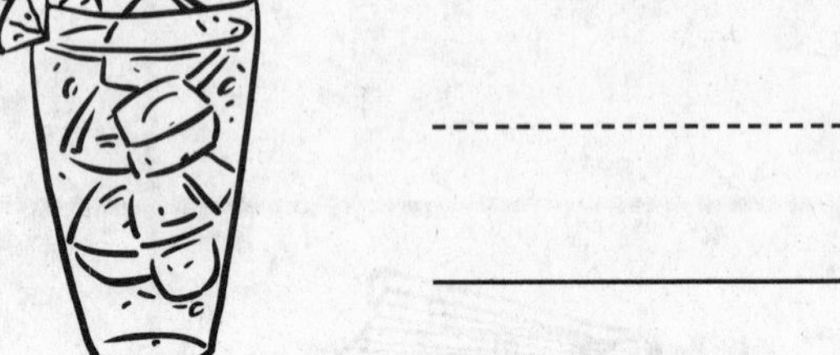

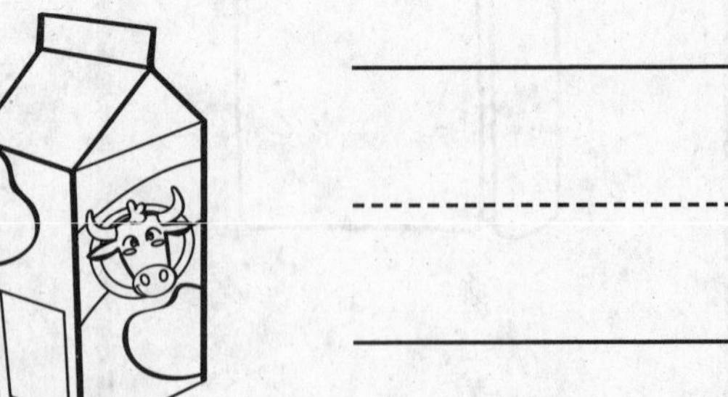

Fonética: /l/ y *l*

Di el nombre de cada dibujo. Escribe la letra *l* al lado de los dibujos cuyo nombre comienza con el sonido /l/.

Nombre ____

Comprensión: Detalles clave

Mira los dibujos de cada fila. Encierra en un círculo los dibujos en los que se muestra una herramienta. Comenta a tu compañero o compañera por qué encerraste en un círculo cada dibujo.

Escribe

Nombre ______________________

l

Fonética: /l/ y l
Di el nombre de las cosas que ves en el dibujo. Encierra en un círculo los objetos cuyo nombre comienza con el mismo sonido que *limón*. Escribe la letra.

Nombre ______________________

¡A la maleta!

Palabra de uso frecuente: ***un***
Lee el libro a tu compañero o compañera.
Vuelve a leerlo para desarrollar fluidez.

¡A la maleta!

Tomo un mapa.

Tomo mi lupa.

Tomo mi 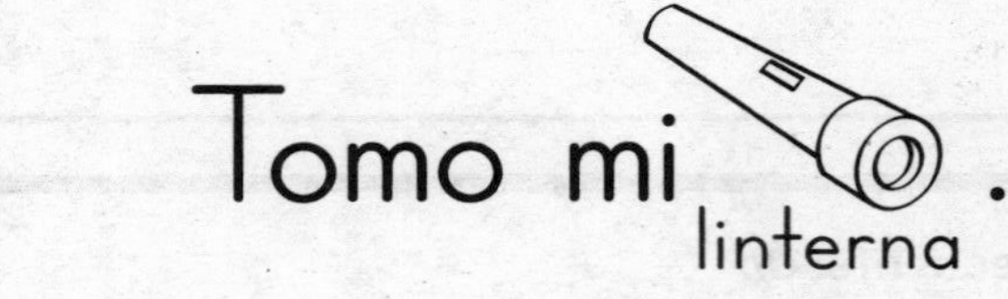 linterna .

Nombre ____________________

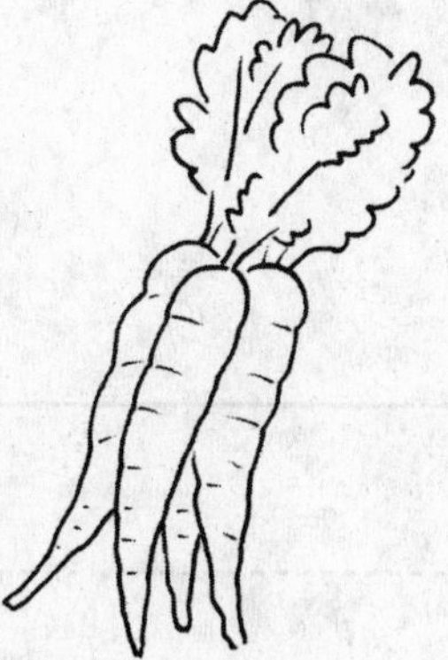

Categoría de palabras: Colores

🍎 Colorea los dibujos de la fila que son anaranjados.
★ Colorea los dibujos de la fila que son verdes.
🌲 Colorea los dibujos de la fila que son amarillos.
Comenta por qué coloreaste cada dibujo.

Nombre ______________________________

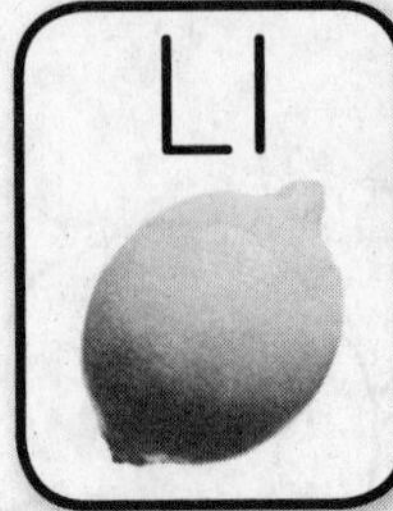

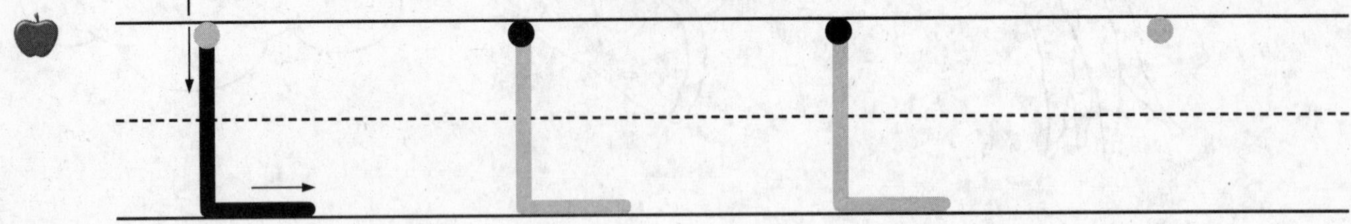

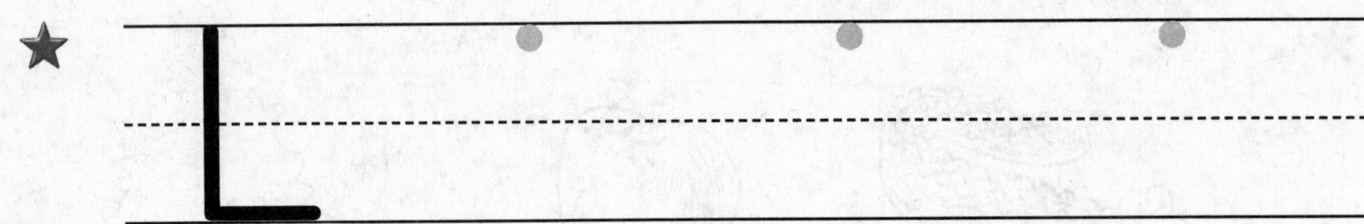

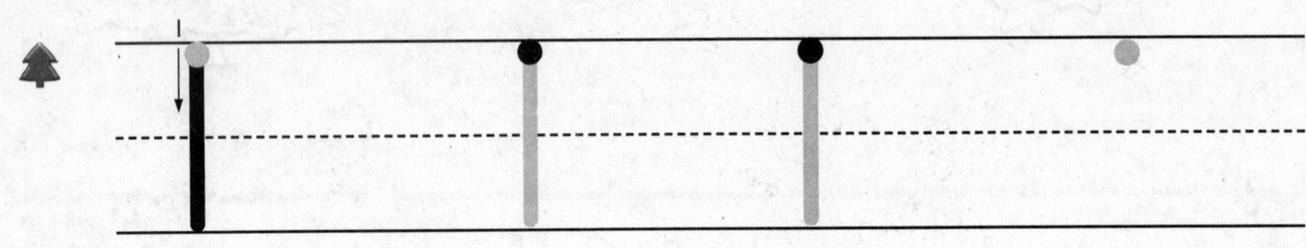

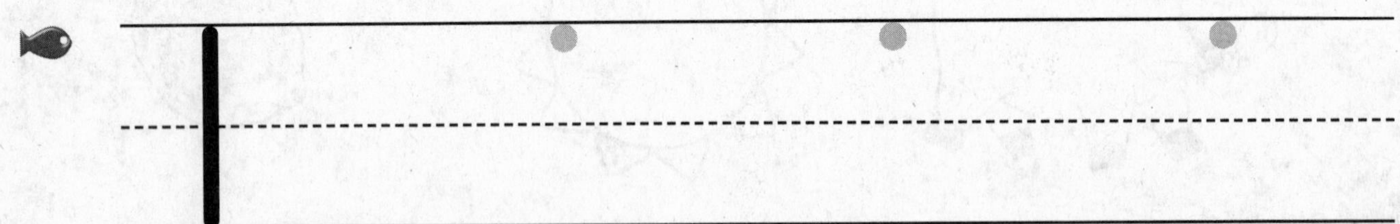

Caligrafía: ***L* y *l***
Traza y escribe la letra *L*. Luego, traza y escribe la letra *l*.

Nombre ____

Reconocimiento fonológico: /s/
Di el nombre de cada dibujo. Pon una ficha sobre los dibujos cuyo nombre comienza con el sonido /s/.

Escribe

Nombre ____________________

Ss

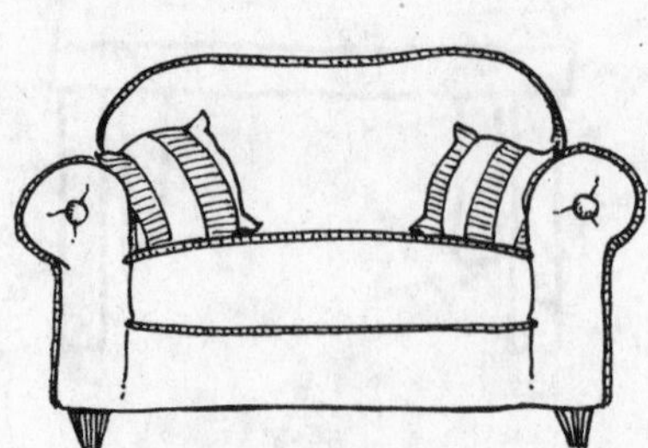

s

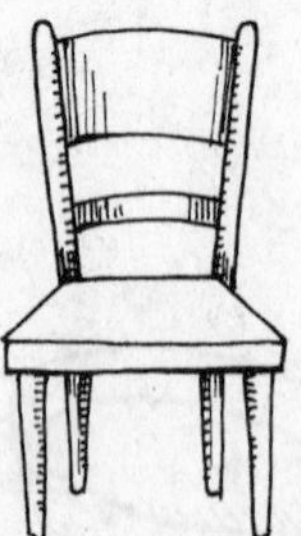

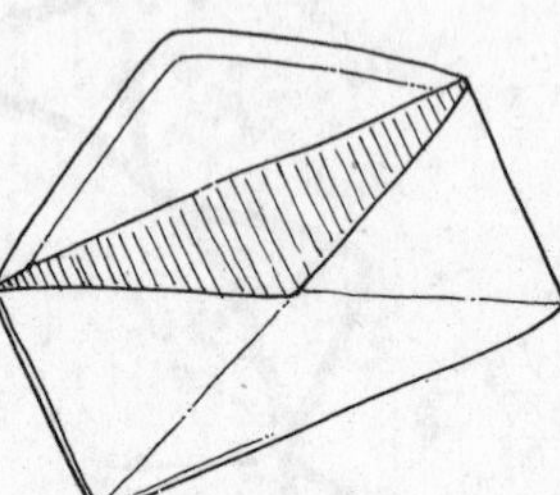

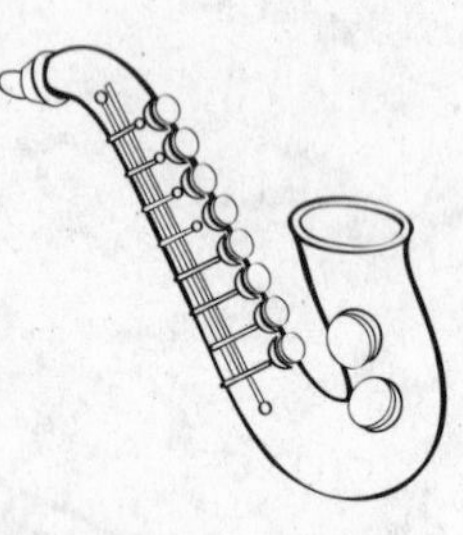

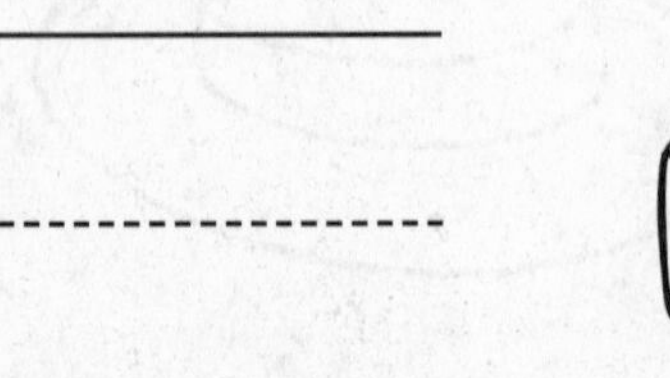

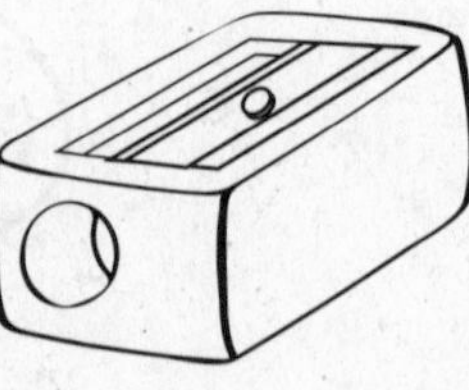

Fonética: /s/ y *s*
Di el nombre de cada dibujo. Escribe la letra *s* al lado de los dibujos cuyo nombre comienza con el sonido /s/.

Nombre ______________________________

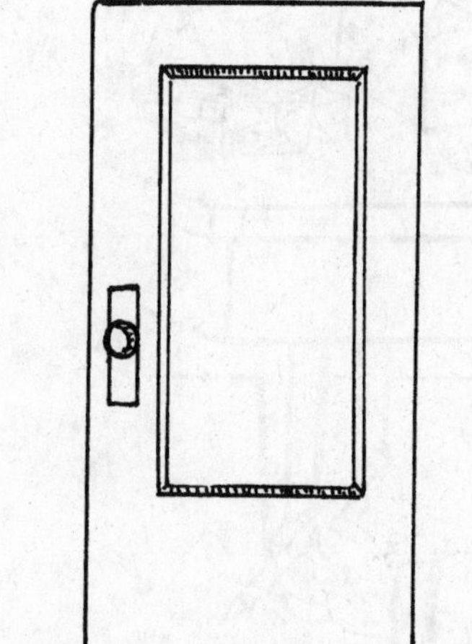

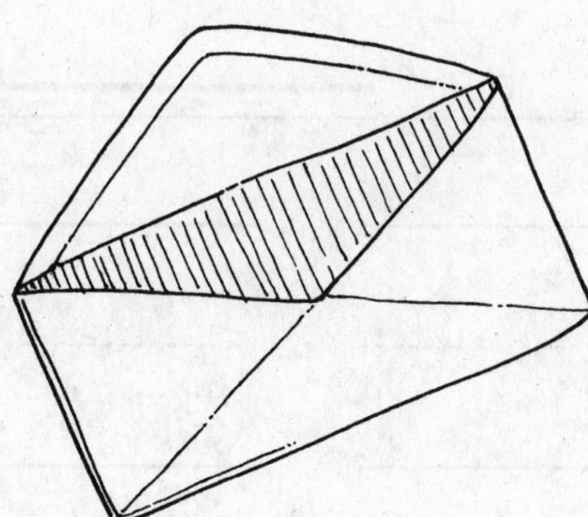

Comprensión: Detalles clave
Mira los dibujos. Halla círculos, rectángulos, triángulos y cuadrados en los dibujos. Colorea cada figura de un color distinto. Comenta a tu compañero o compañera las figuras que coloreaste.

Nombre ______________________

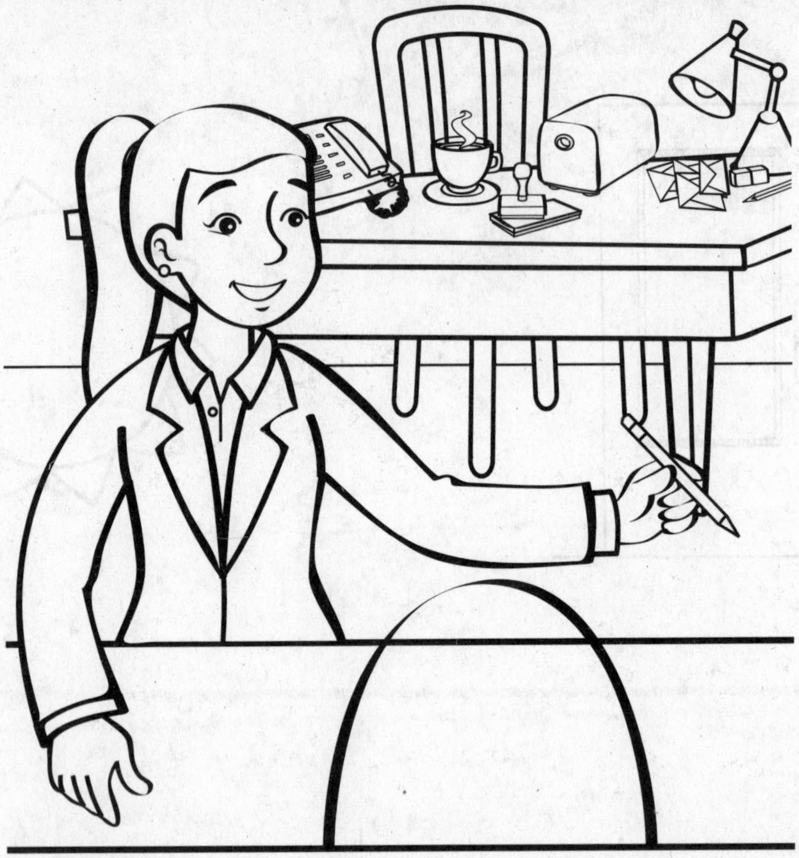

s

Fonética: /s/ y *s*
¿Qué ves en el dibujo? Encierra en un círculo todo lo que ves cuyo nombre comienza con el mismo sonido que *sol*. Escribe la letra.

Nombre ______________________

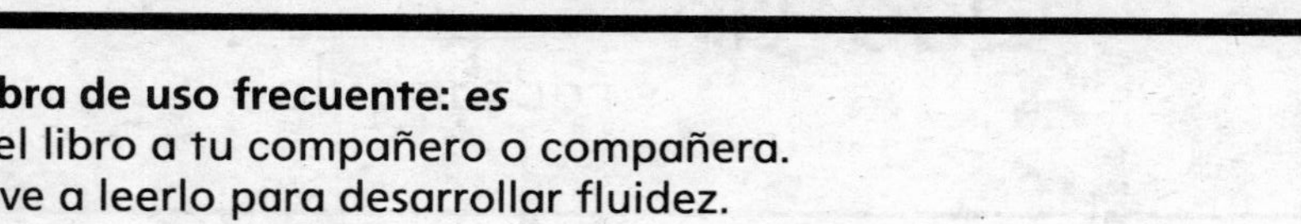

¡Esa es mi casa!

Palabra de uso frecuente: ***es***
Lee el libro a tu compañero o compañera.
Vuelve a leerlo para desarrollar fluidez.

¡Esa es mi casa!

Yo uso mi cuadrado.

Uso un 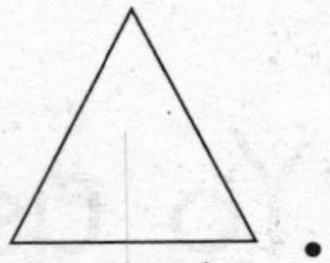 triángulo.

Uso un 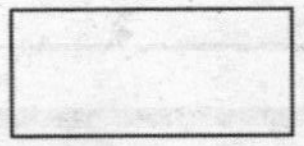 rectángulo.

Nombre ______________________________

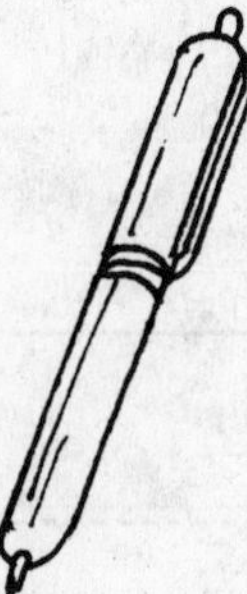

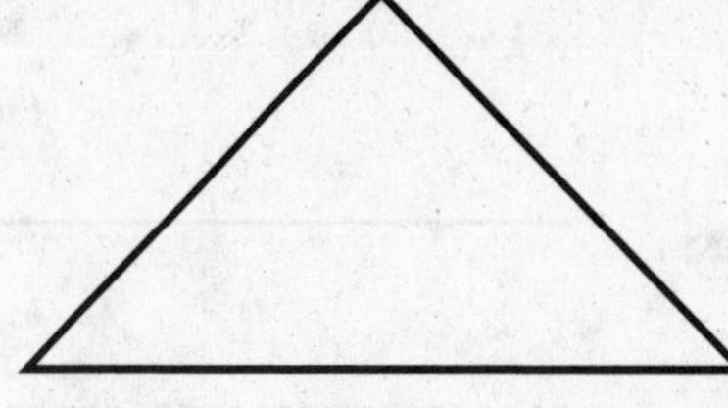

Categoría de palabras: Figuras
Describe todos los dibujos. Encierra en un círculo los dibujos en los que se muestra una figura. Di el nombre de la figura.

Nombre ____________________

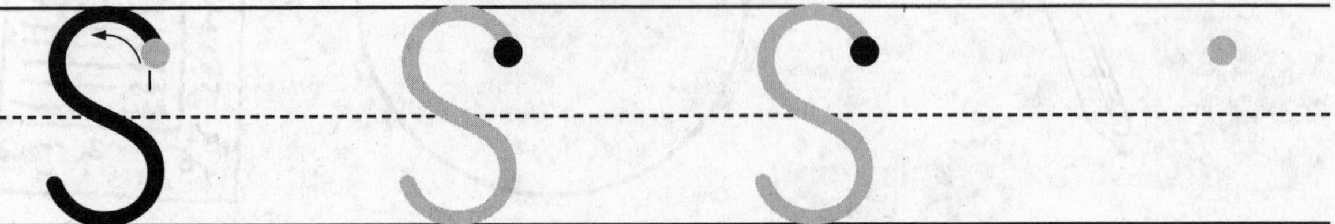

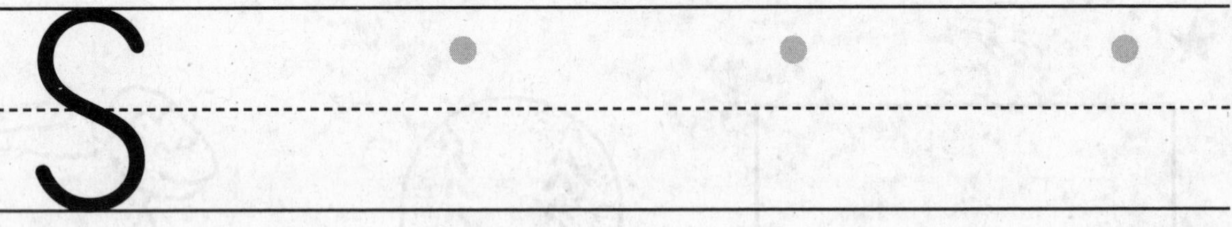

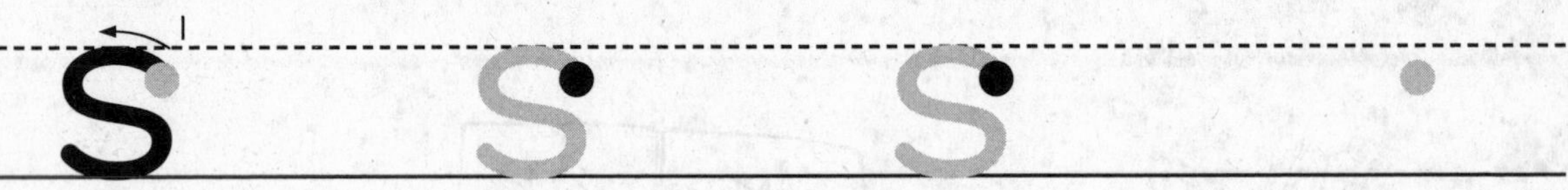

Caligrafía: *S* y *s*
Traza y escribe la letra *S*. Luego, traza y escribe la letra *s*.

Nombre ________________________

p

Repaso de fonética: /m/ y *m*, /p/ y *p*, /t/ y *t*
Di el nombre de cada dibujo. Escribe la letra con la que comienza cada nombre: *m*, *p* o *t*.

Haz un círculo

Nombre ____________________

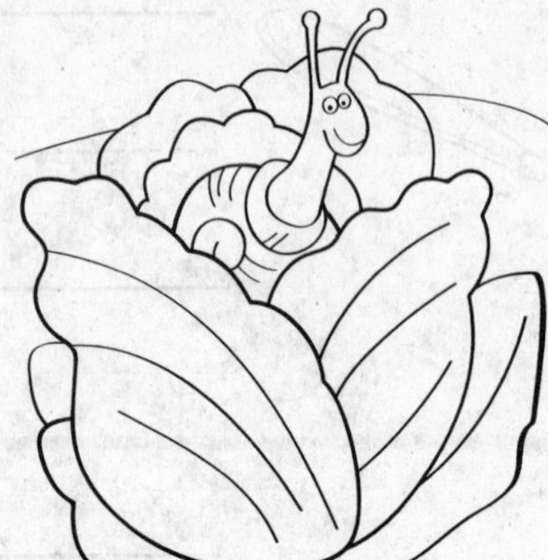
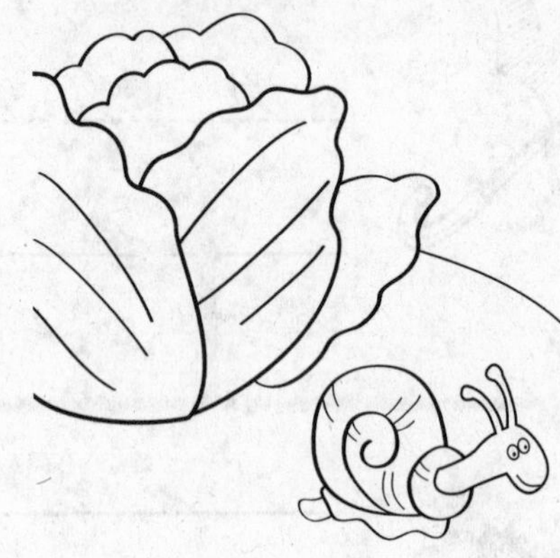

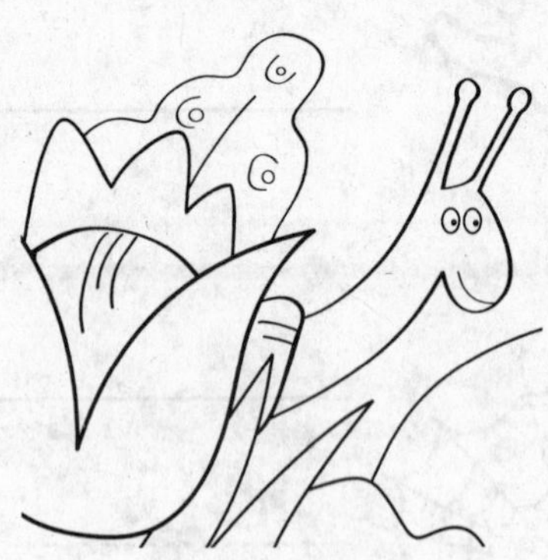

Comprensión: Detalles clave

- Encierra en un círculo el dibujo del caracol que está adentro de la col.
- ★Encierra en un círculo el dibujo del caracol que está detrás de la flor.
- Encierra en un círculo el dibujo del caracol que está en el centro del tronco.

Nombre ______________________________________

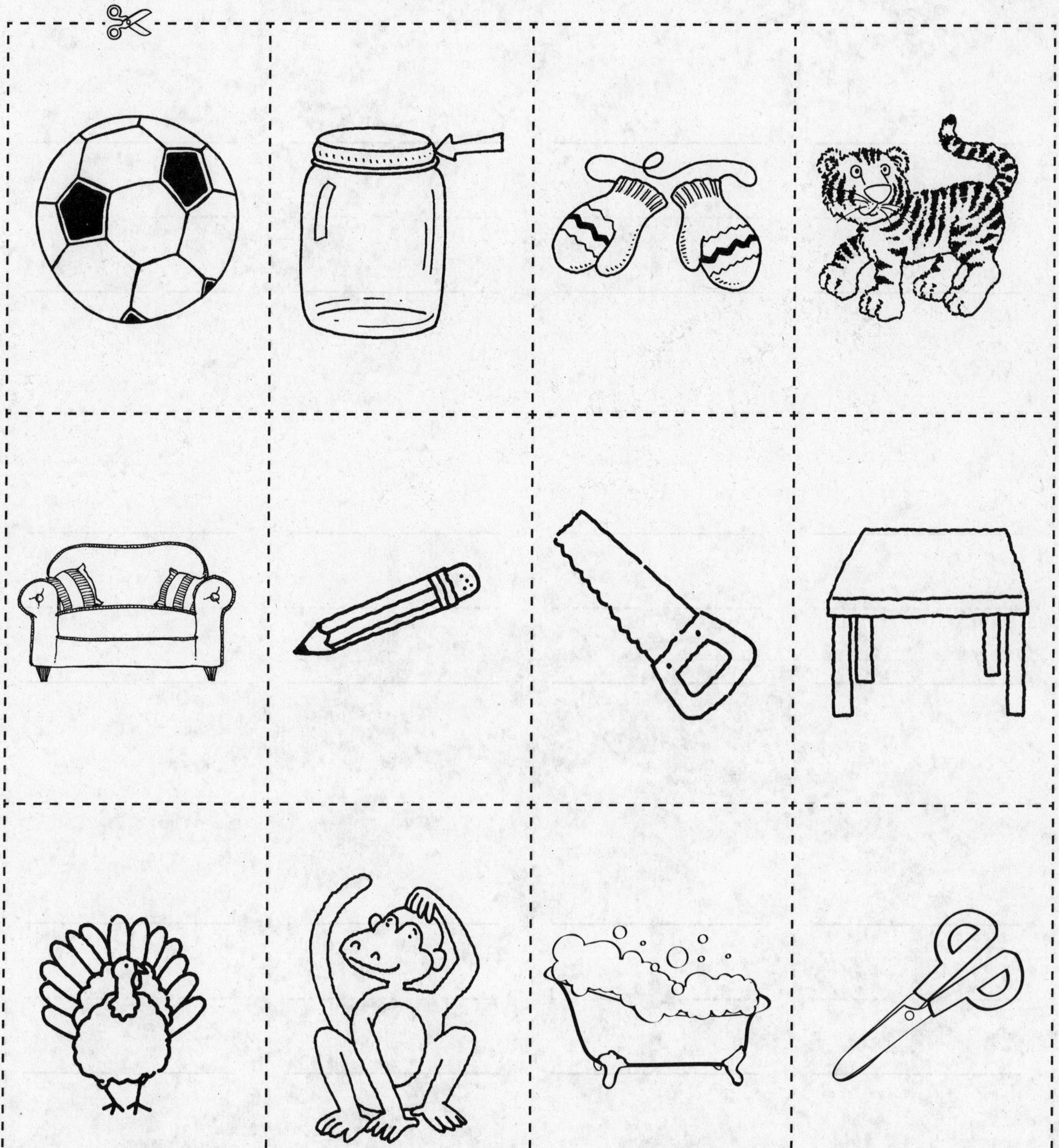

Juego de repaso de fonética: /m/ y *m*, /p/ y *p*, /t/ y *t*, /l/ y *l*, /s/ y *s*
Di el nombre de cada objeto y la letra con la que comienza. Da vuelta el dibujo y traza la letra. Con tu compañero o compañera, piensen en otros objetos cuyo nombre comience con ese sonido.

Nombre ______________________________

t	m	t	p
m	s	l	s
t	t	m	p

Juego de repaso de fonética: /m/ y *m*, /p/ y *p*, /t/ y *t*, /l/ y *l*, /s/ y *s*
Traza las letras. Lee cada letra en voz alta. Luego, di una palabra que comience con esa letra.

Nombre ______________________

¡Es un ciempiés !

Repaso de palabras de uso frecuente: ***yo, puedo, soy, la, veo, el, un, es***
Lee el libro a tu compañero o compañera.
Vuelve a leerlo para desarrollar fluidez.

El ciempiés

Yo soy Ema.

Si puedo, uso mi lupa.

Veo la  .

hoja

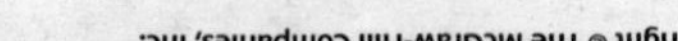

Nombre ______________________________

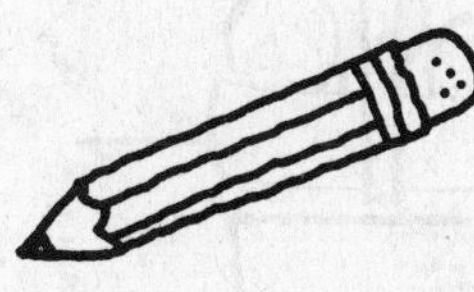

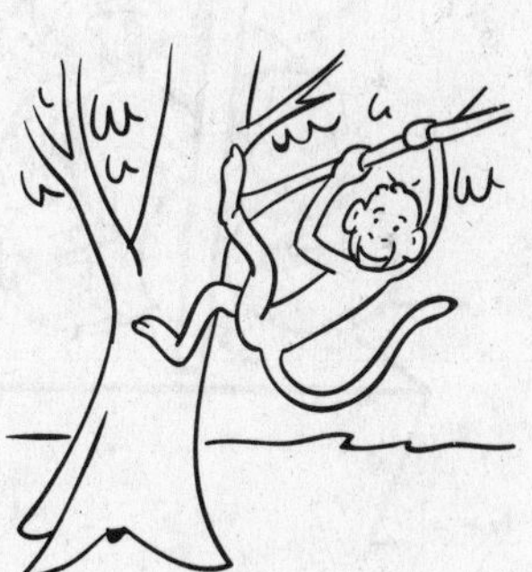

Categoría de palabras: Movimiento
Describe todos los dibujos. Pon una ficha sobre los dibujos en los que se muestra movimiento.

Escribe

Nombre ______________________________

______ ______ ______ ______ ______

______ ______ ______ ______ ______

Repaso de fonética: /m/ y *m*, /p/ y *p*, /t/ y *t*, /l/ y *l*, /s/ y *s*
Di el nombre de las cosas que ves en el dibujo. Encierra en un círculo los alimentos cuyo nombre comienza con /m/, /p/, /t/, /l/ o /s/. Escribe las letras que corresponden a esos sonidos.

Nombre ______________________________

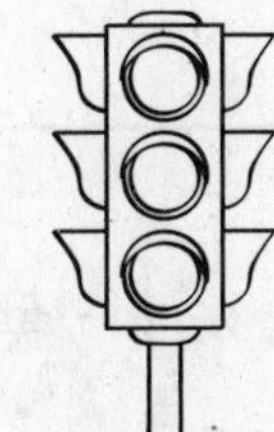

Repaso de fonética: /m/ y *m*, /p/ y *p*, /t/ y *t*, /l/ y *l*, /s/ y *s*
Mira los dibujos de cada fila. Di el nombre de cada dibujo. Encierra en un círculo los dibujos cuyo nombre empieza con el mismo sonido. Escribe la letra para ese sonido.

Nombre ______________________

lupa

mesa

lata

topo

Repaso de caligrafía
Lee las palabras y escríbelas. Luego, lee las palabras a tu compañero o compañera.

Nombre ______________________________

Reconocimiento fonológico: /n/
Di el nombre de cada dibujo. Pon una ficha sobre los dibujos cuyo nombre comienza con el sonido /n/.

Escribe

Nombre ____________________

Nn

n

Fonética: /n/ y *n*
Di el nombre de cada dibujo. Escribe la letra *n* al lado de los dibujos cuyo nombre comienza con el sonido /n/.

Nombre ____

Comprensión: Detalles clave

- Encierra en un círculo el dibujo del dinosaurio con manchitas.
- ★Encierra en un círculo el dibujo del dinosaurio con una campana.
- Encierra en un círculo el dibujo del dinosaurio con un casco.

Escribe

Nombre ____________________

n

Fonética: /n/ y *n*
Di el nombre de los objetos que ves en el dibujo. Encierra en un círculo los objetos cuyo nombre comienza con el mismo sonido que *nariz*. Escribe la letra.

Nombre ______________________________

¡Así paseo yo!

Palabra de uso frecuente: ***ella***
Lee el libro a tu compañero o compañera.
Vuelve a leerlo para desarrollar fluidez.

Mi paseo

Le tomo la mano
a mi mamá.

No piso el 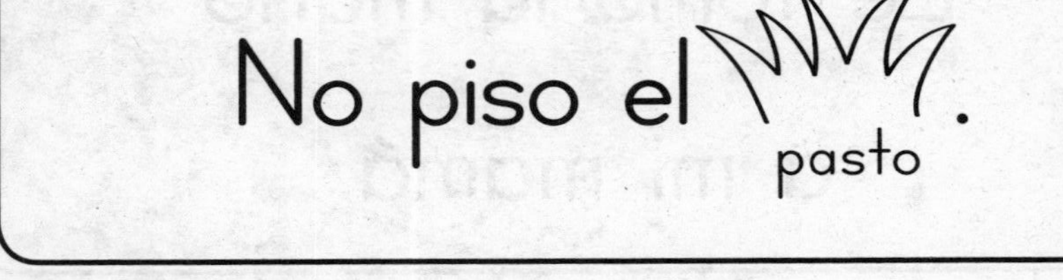 pasto.

Ella me pone el  cinturón.

Nombre ____

Categoría de palabras: Palabras de acción
Describe todos los dibujos. Pon una ficha sobre los dibujos que muestran una acción.

Nombre ____________________

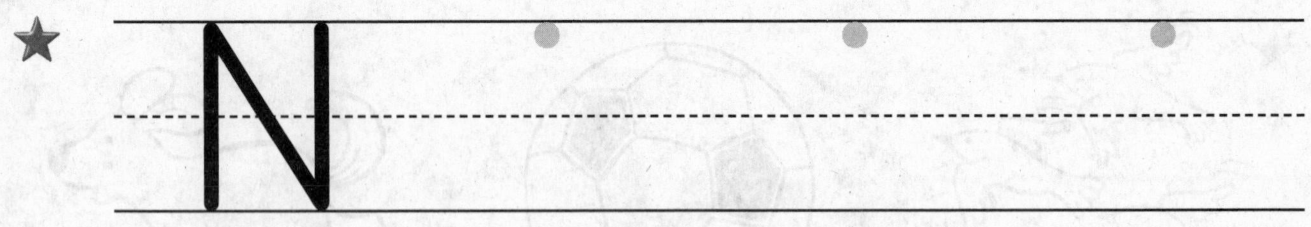

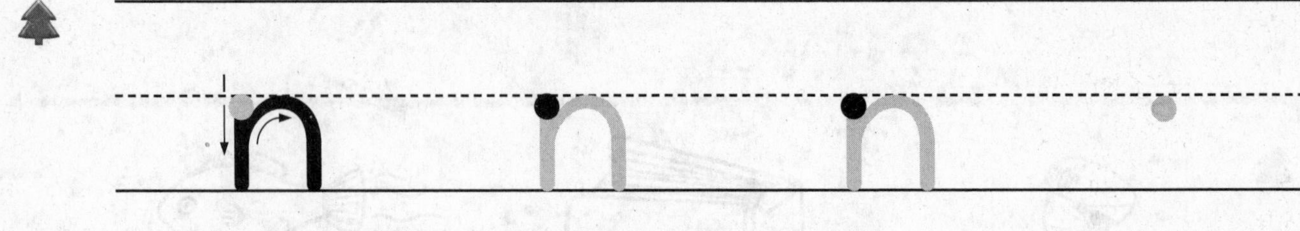

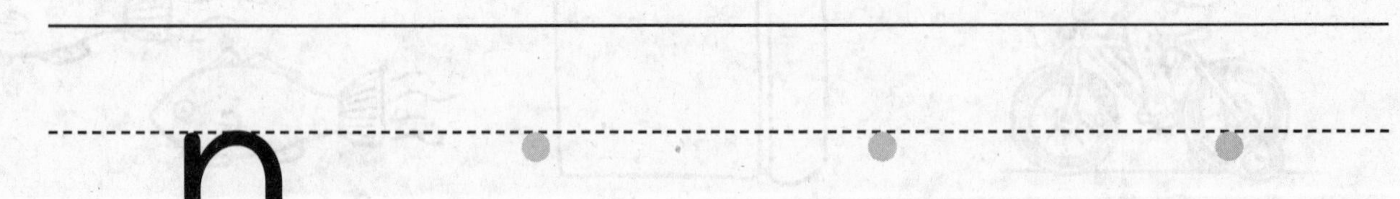

Caligrafía: *N* y *n*
Traza y escribe la letra *N*. Luego, traza y escribe la letra *n*.

Nombre ____

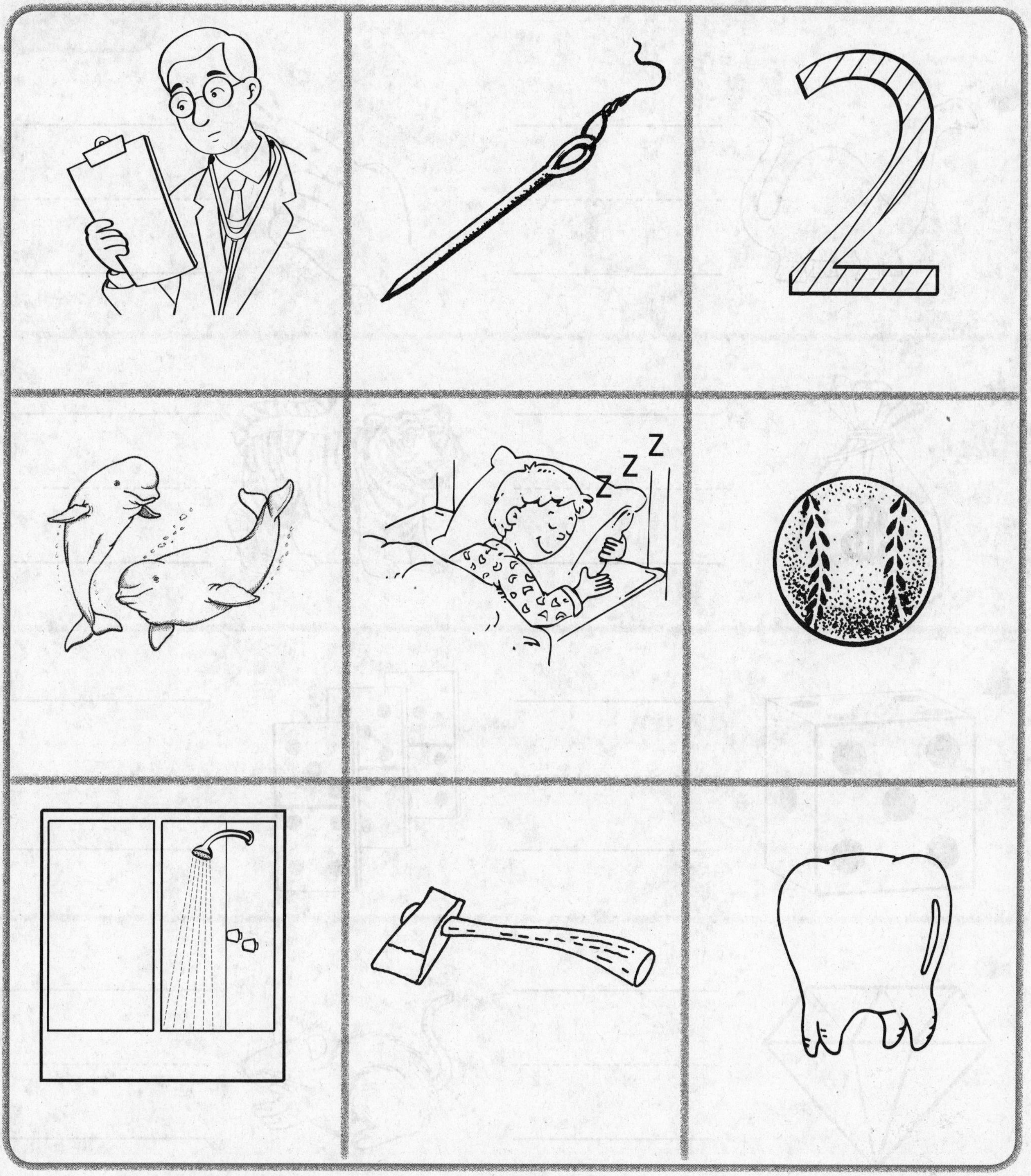

Reconocimiento fonológico: /d/
Di el nombre de cada dibujo. Pon una ficha sobre los dibujos cuyo nombre comienza con el sonido /d/.

Escribe

Nombre ______________________

Dd

d

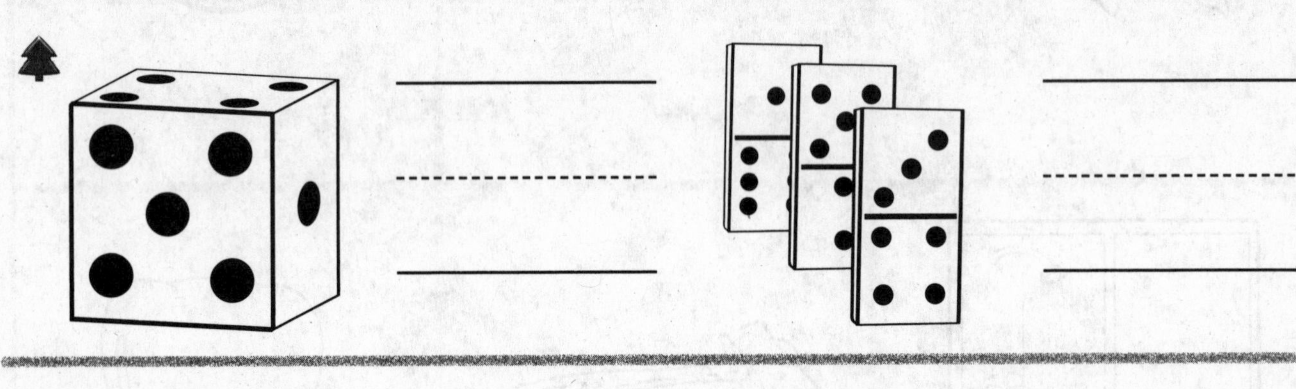

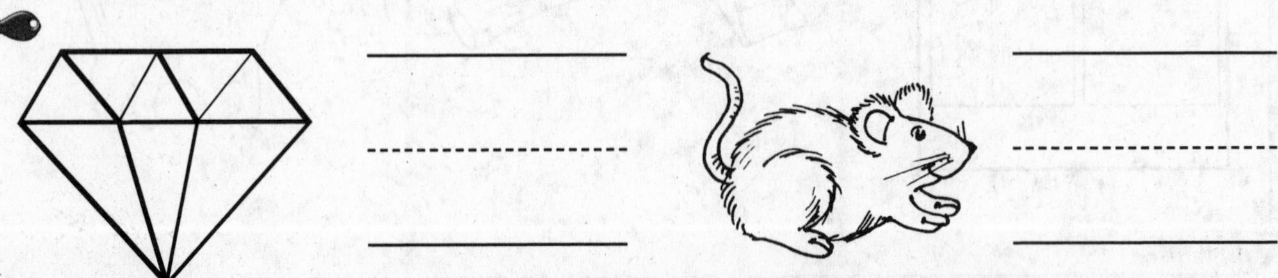

Fonética: /d/ y *d*

Di el nombre de cada dibujo. Escribe la letra *d* al lado de los dibujos cuyo nombre comienza con el sonido /d/.

Nombre ____

Comprensión: Detalles clave
Mira los dibujos de cada fila. Encierra en un círculo los dibujos de los animales que aparecen en *La ratita presumida*. Comenta a tu compañero o compañera los sonidos que hacen esos animales.

Nombre ______________________________

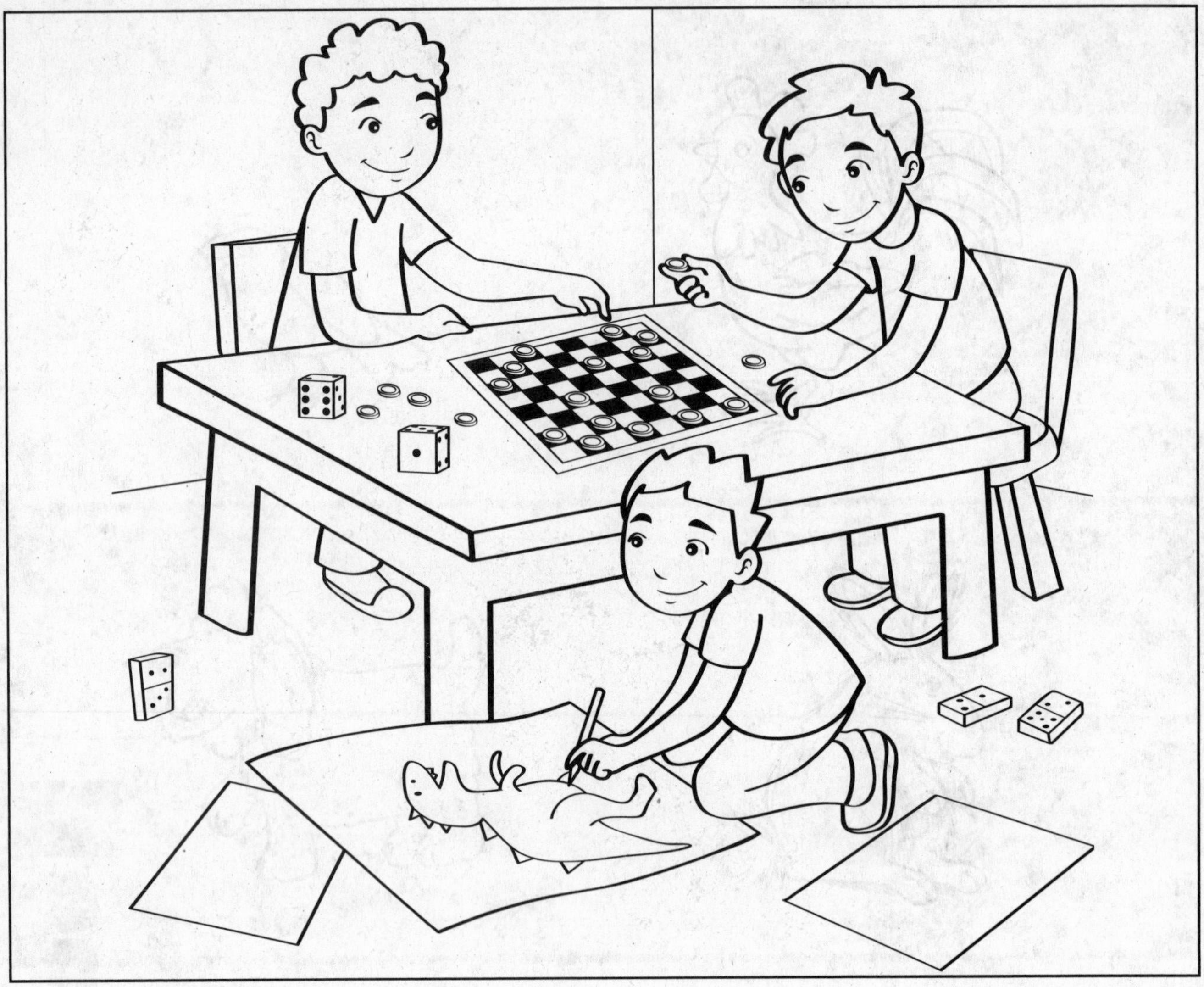

d

Fonética: /d/ y *d*
Di el nombre de las cosas que ves en el dibujo. Encierra en un círculo los objetos cuyo nombre comienza con el mismo sonido que *delfín*. Escribe la letra.

Nombre ______________________________

¡Todo es sonido!

Palabra de uso frecuente: *y*
Lee el libro a tu compañero o compañera.
Vuelve a leerlo para desarrollar fluidez

¡Todo es sonido!

Yo amo el  piano.

Y yo amo el  tambor.

Y yo amo el  triángulo.

Nombre ______________________________

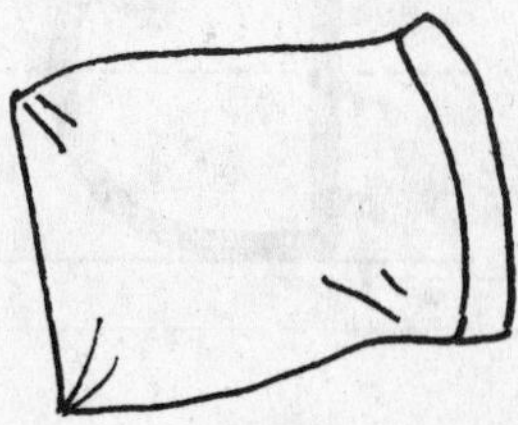

Categoría de palabras: Sonidos
Describe todos los dibujos. Pon una ficha sobre las cosas que hacen un sonido.

Escribe

Nombre ____________________

Caligrafía: *D* y *d*

Traza y escribe la letra *D*. Luego, traza y escribe la letra *d*.

Nombre ______________________________

Reconocimiento fonológico: /b/

Di lo que ves en el dibujo. Encierra en un círculo las cosas cuyo nombre comienza con el sonido /b/.

Nombre ______________________

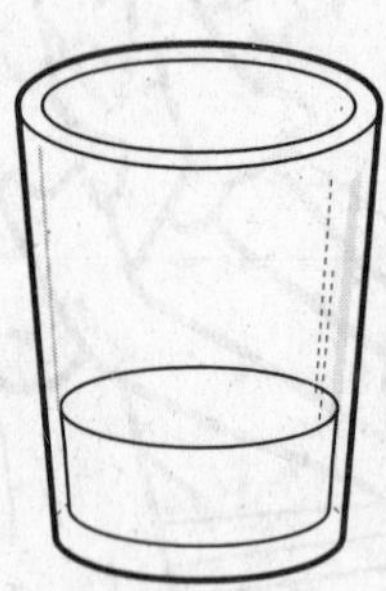

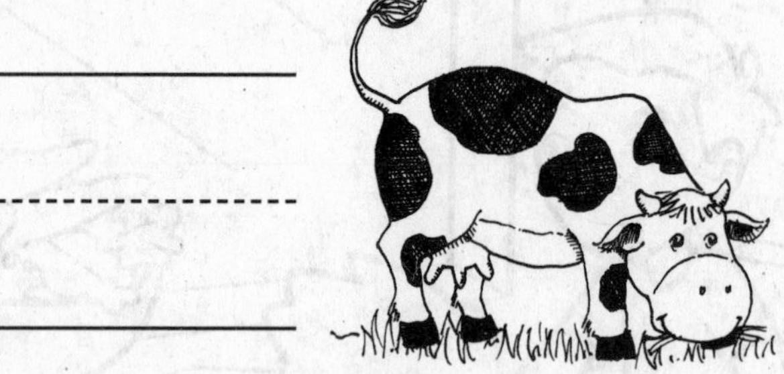

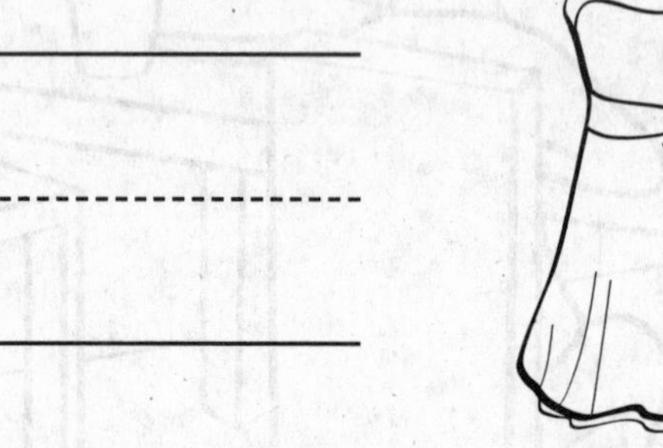

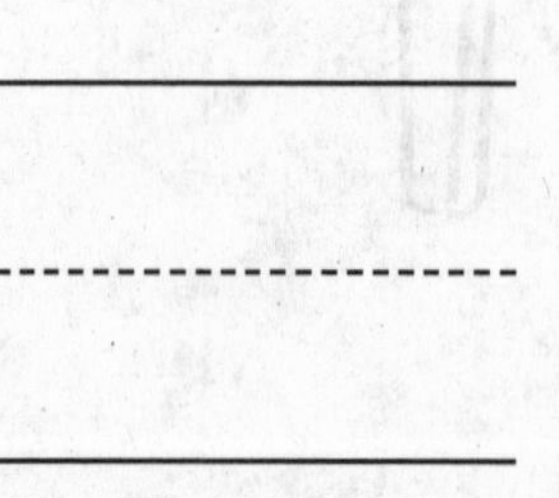

Fonética: /b/ y *v*
Di el nombre de cada dibujo. Escribe la letra *v* al lado de los dibujos cuyo nombre comienza con el sonido /b/.

Nombre ______________________________

Comprensión: Personaje, ambiente, sucesos
Mira los dibujos sobre el cuento *Lo que más me gusta.*
🍎 Encierra en un círculo el dibujo de un personaje del cuento.
★ Encierra en un círculo el dibujo del ambiente del cuento.
🌲 Encierra en un círculo el dibujo del personaje y el ambiente del cuento.

Nombre ______________________

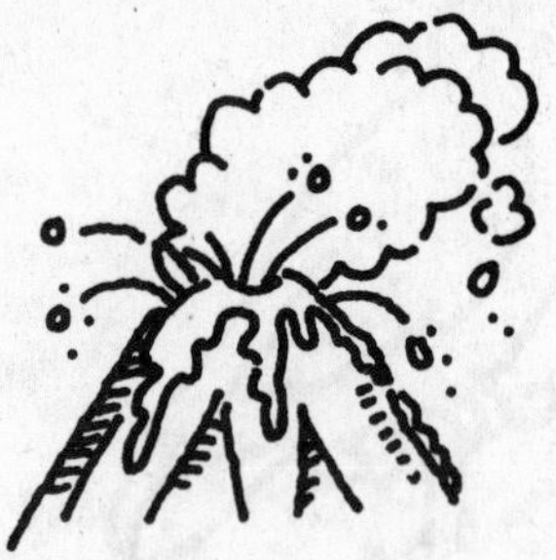

V

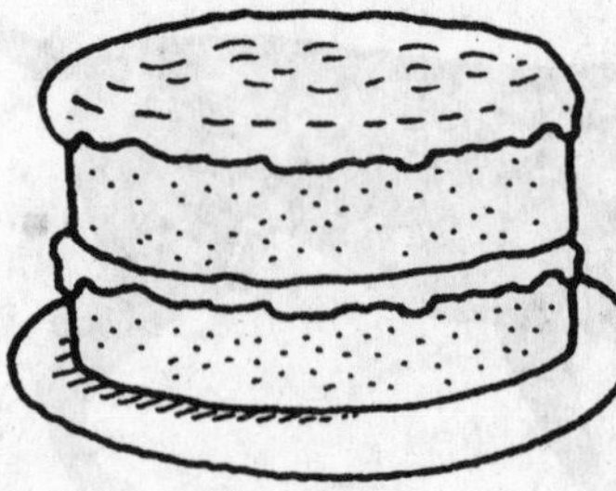

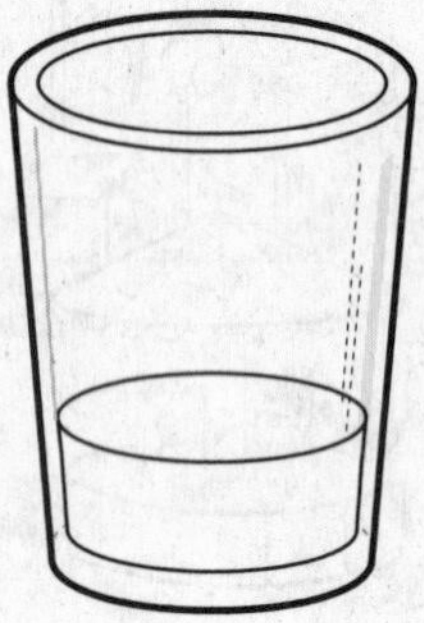

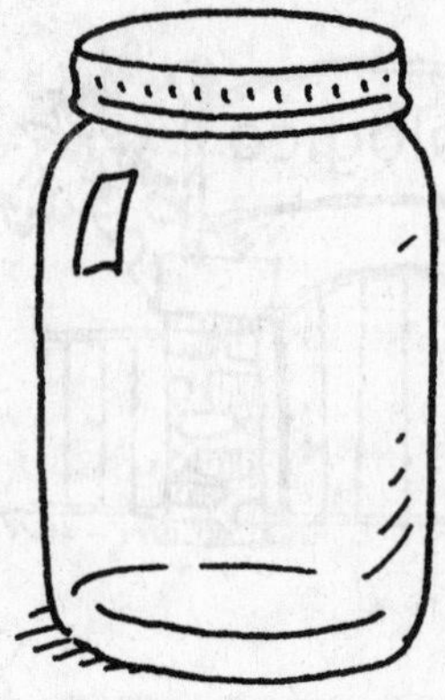

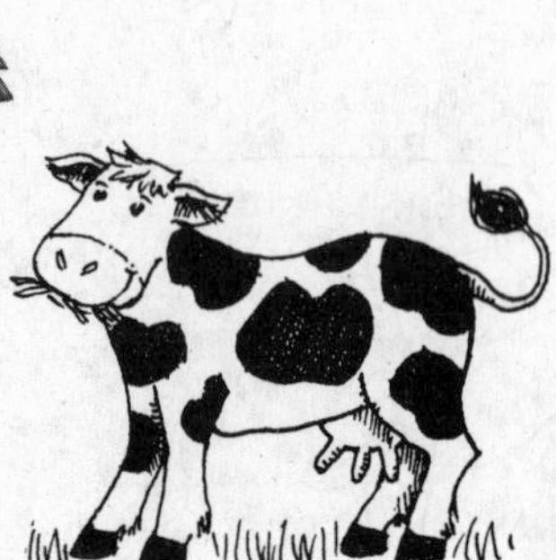

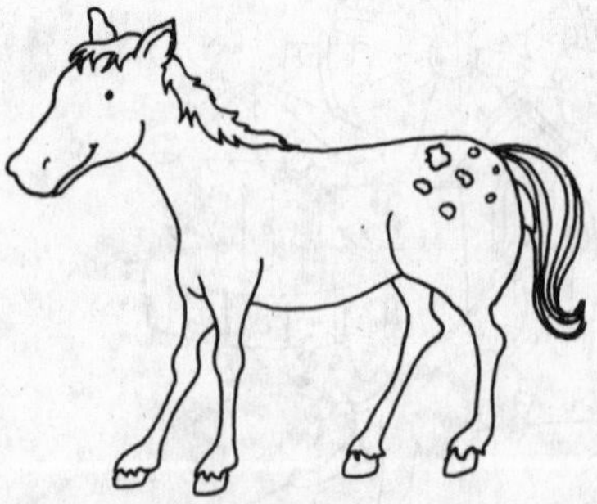

Fonética: /b/ y *v*
Di el nombre de cada dibujo. Encierra en un círculo el dibujo cuyo nombre comienza con el mismo sonido que *viaje*. Escribe la letra.

Nombre ____________________

¡Voy a casa !

Palabra de uso frecuente: ***voy***
Lee el libro a tu compañero o compañera.
Vuelve a leerlo para desarrollar fluidez.

Mi día

Voy a la escuela.

Voy de paseo.

Voy a un 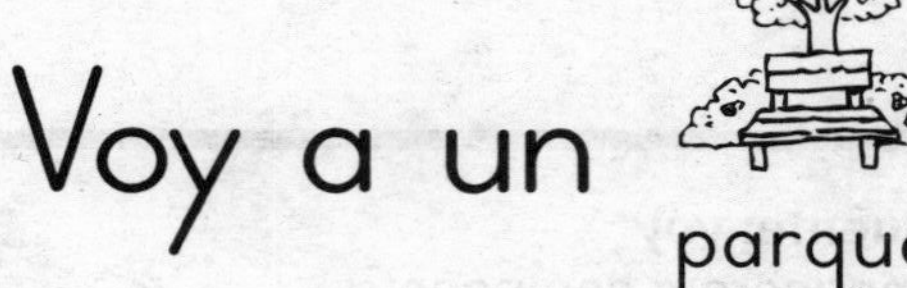 .

Copyright © The McGraw-Hill Companies, Inc.

Nombre ___________________________

Categoría de palabras: Orden de los sucesos
Describe los tres dibujos. Escribe 1, 2 y 3 para indicar qué pasó primero, qué pasó después y qué pasó al final.

Nombre ___________________________

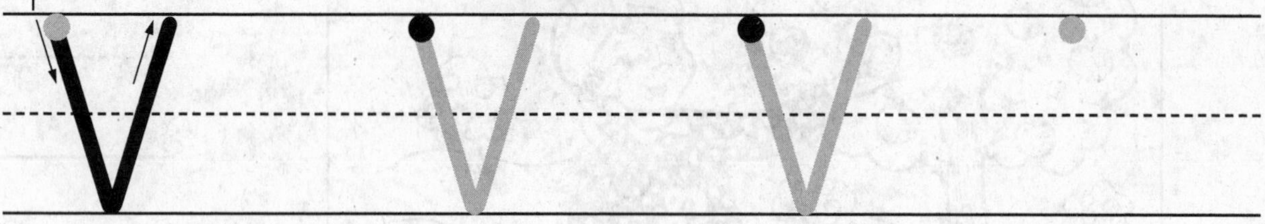

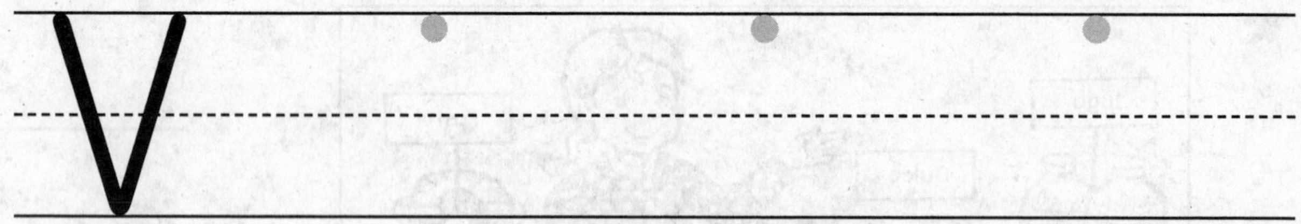

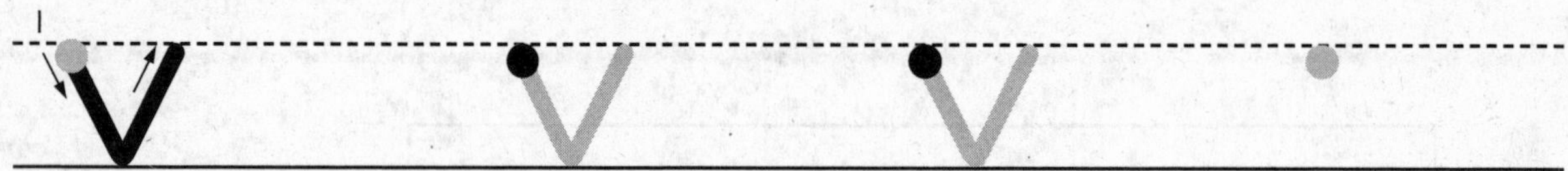

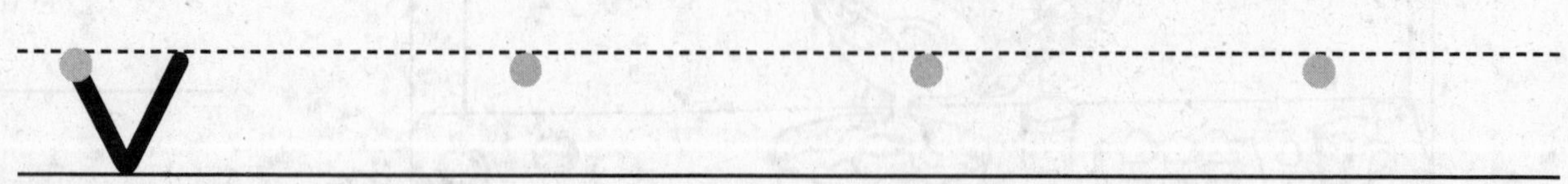

Caligrafía: V y *v*

Traza y escribe la letra *V*. Luego, traza y escribe la letra *v*.

Nombre ____________________

Reconocimiento fonológico: /b/
Di el nombre de cada dibujo. Pon una ficha sobre los dibujos cuyo nombre comienza con el sonido /b/.

Escribe

Nombre ____________________

Bb

1. 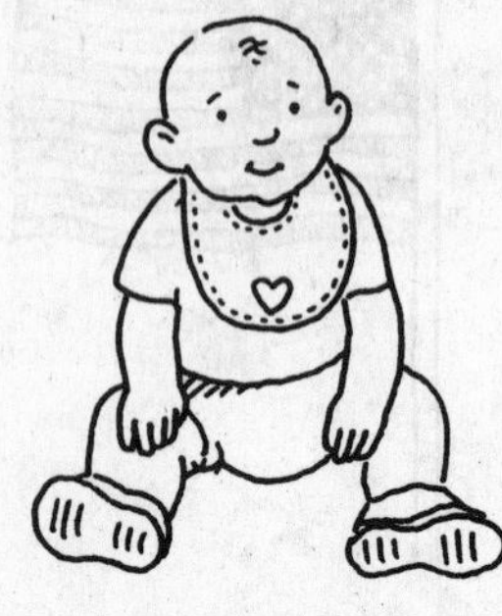 b 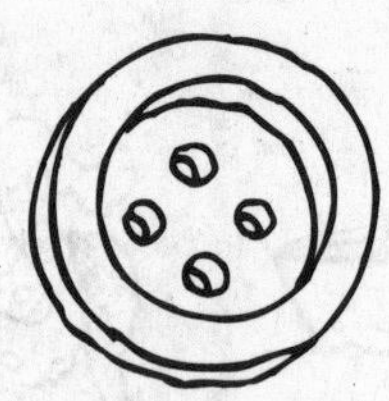

2.  

3.  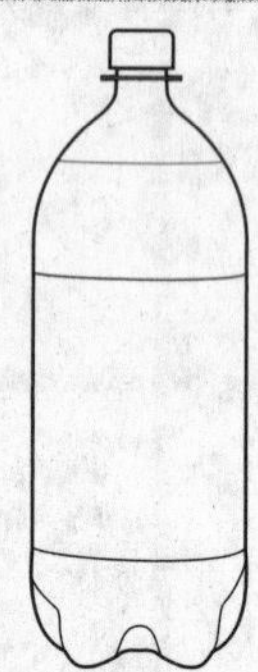

4.  

Fonética: /b/ y *b*
Di el nombre de cada dibujo. Escribe la letra *b* al lado de los dibujos cuyo nombre comienza con el sonido /b/.

Nombre ______________________

1.

2.

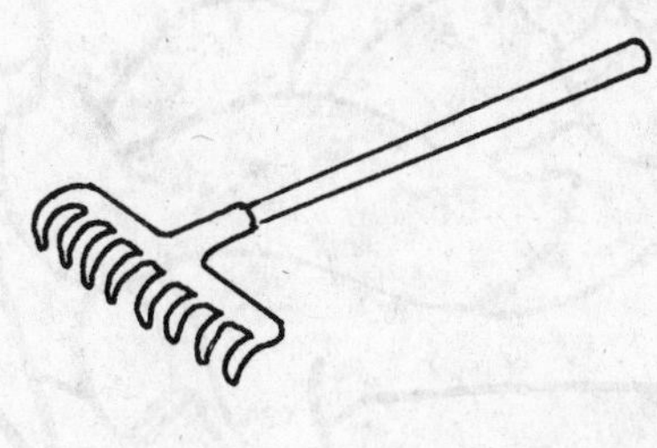
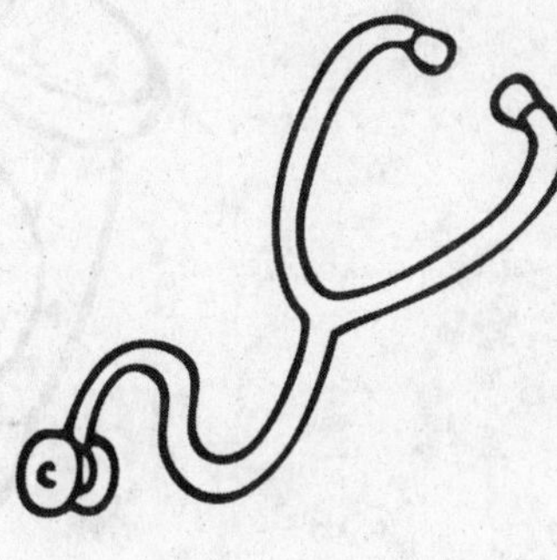

3.

Comprensión: Detalles clave
Di el nombre de los trabajadores. Di lo que sabes sobre ellos. Encierra en un círculo el dibujo de la herramienta que usaría cada uno. Comenta a tu compañero o compañera por qué encerraste en un círculo cada dibujo.

Escribe

Nombre ____________________

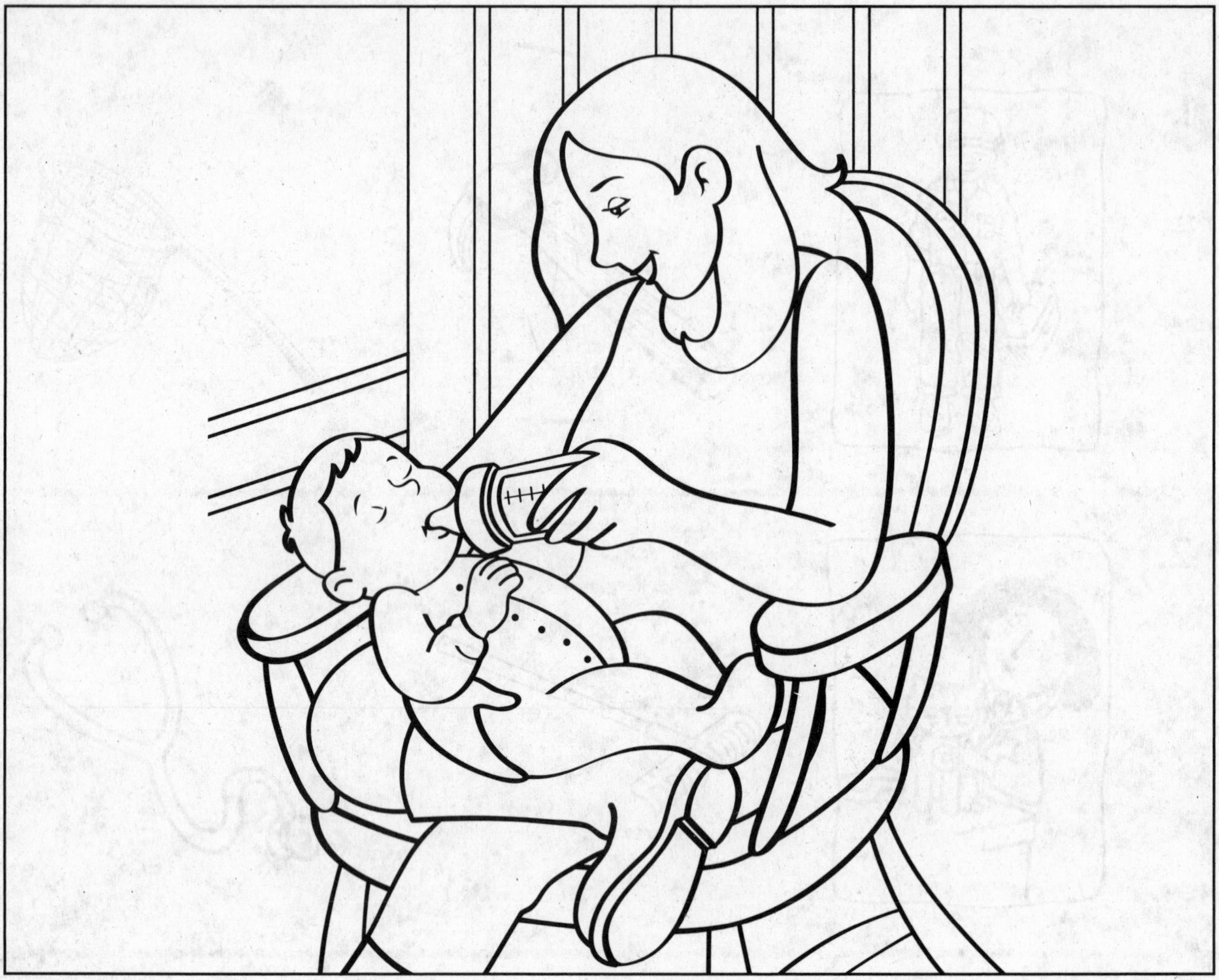

b

Fonética: /b/ y *b*
Di el nombre de las cosas que ves en el dibujo. Encierra en un círculo los objetos cuyo nombre comienza con el mismo sonido que *bebé*. Escribe la letra.

Nombre ______________________________

¡A la mesa!

Palabra de uso frecuente: ***tiene***
Lee el libro a tu compañero o compañera.
Vuelve a leerlo para desarrollar fluidez.

¡A la mesa!

Donato tiene todo a mano.

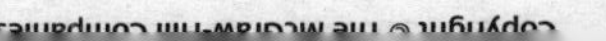

Bate y bate.

Amasa la masa.

Nombre ____________________

1.

2.

3.

Categoría de palabras: Trabajos
Mira los dibujos de cada fila. Pon una ficha sobre los dibujos en los que se muestra a un trabajador. Comenta qué trabajo hace cada uno.

Nombre ______________________________

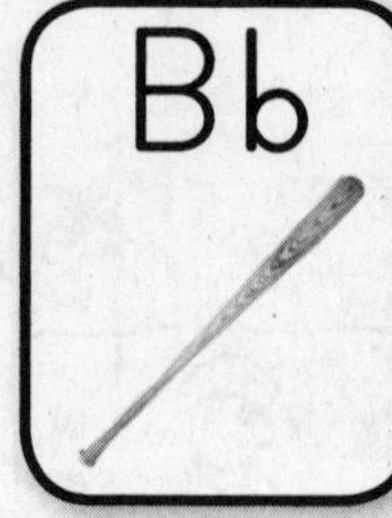

1. B B B

2. B

3. b b b

4. b

Caligrafía: ***B*** **y** ***b***
Traza y escribe la letra *B*. Luego, traza y escribe la letra *b*.

Nombre ______________________________

Reconocimiento fonológico: /f/
Di el nombre de cada dibujo. Pon una ficha sobre los dibujos cuyo nombre comienza con el sonido /f/.

Nombre ____________________

1.  f 

2. 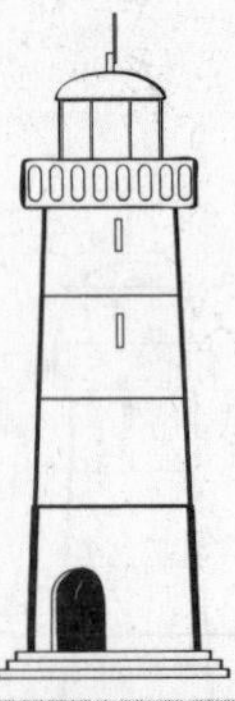 

3.  

4.  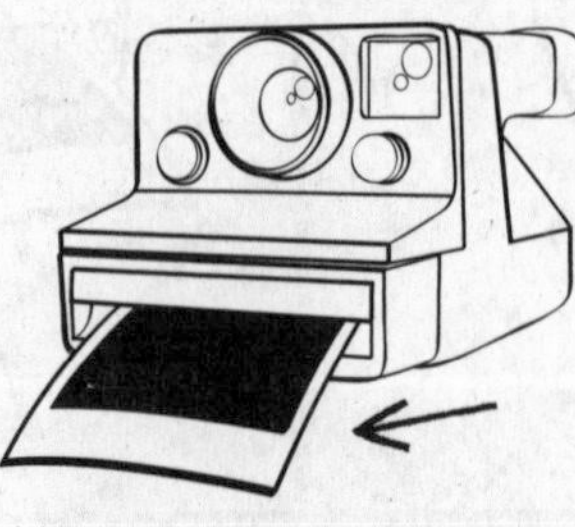

Fonética: /f/ y *f*
Di el nombre de cada dibujo. Escribe la letra *f* al lado de los dibujos cuyo nombre comienza con el sonido /f/.

Nombre ______________________________

I.

2.

3.

Comprensión: Personaje, ambiente, sucesos

Mira los dibujos sobre el cuento *¿Qué puedes hacer con una paleta?*

1. Encierra en un círculo el dibujo de la mamá.
2. Encierra en un círculo el dibujo del ambiente del cuento.
3. Encierra en un círculo el dibujo que muestra un suceso del cuento.

Escribe

Nombre ______________________________

f

Fonética: /f/ y *f*
Di el nombre de las cosas que ves en el dibujo. Encierra en un círculo las cosas cuyo nombre comienza con el mismo sonido que *fuego*. Escribe la letra.

Nombre ____________________

¡Este nido es fabuloso!

Palabra de uso frecuente: ***este***
Lee el libro a tu compañero o compañera.
Vuelve a leerlo para desarrollar fluidez.

Fabi y yo

Voy a la  de Fabi.

casa

Fabi tiene un 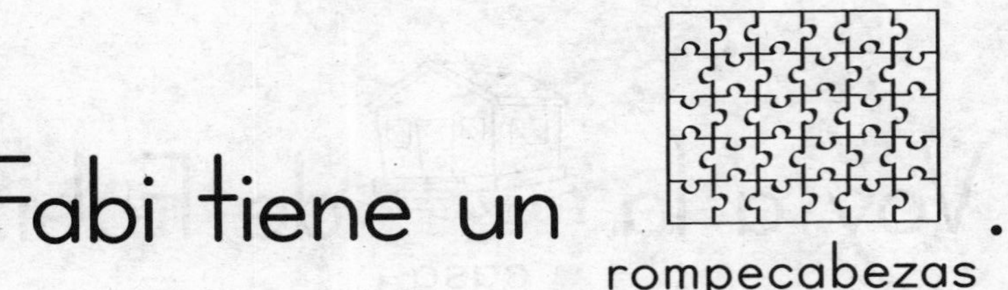 .

rompecabezas

Este es el del ave.

pico

Nombre ______________________________

1.

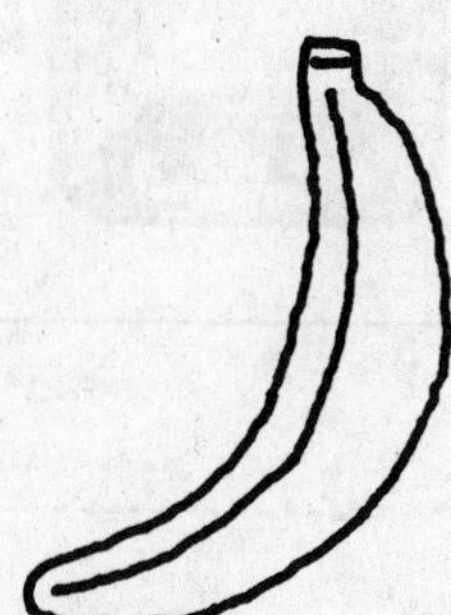
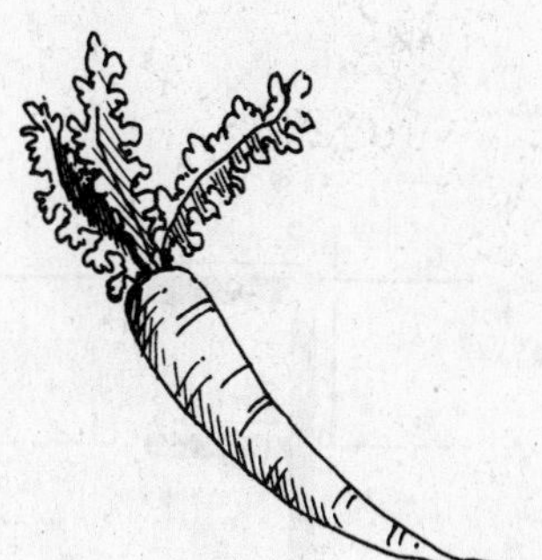

2.

3.

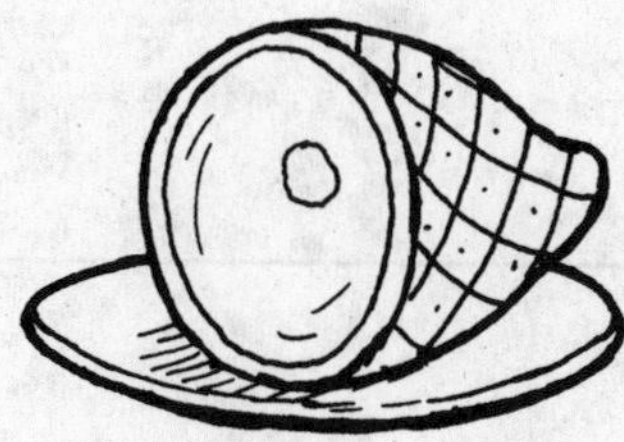

Categoría de palabras: Clases de alimentos

1. Pon una ficha de un color sobre los dibujos de verduras.
2. Pon una ficha de otro color sobre los dibujos de frutas.
3. Pon una ficha de otro color sobre los dibujos de alimentos que no son frutas ni verduras.

Nombre ________________________________

1. 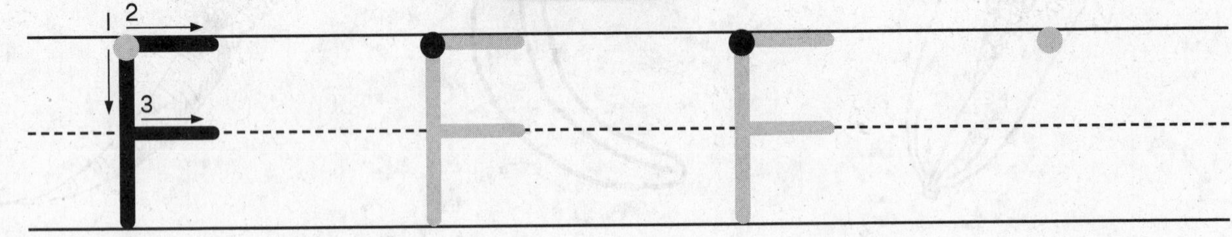

2. 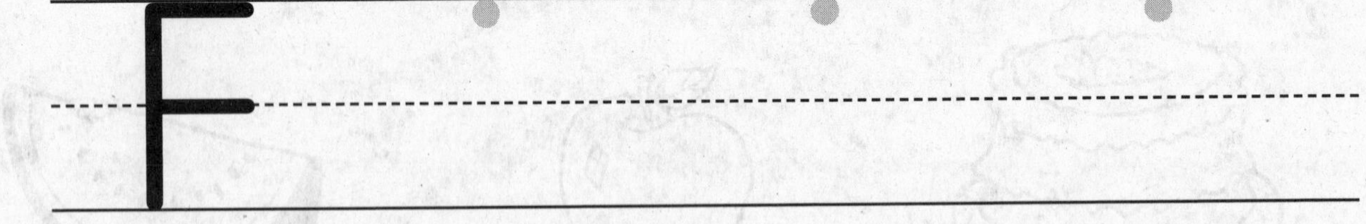

3. 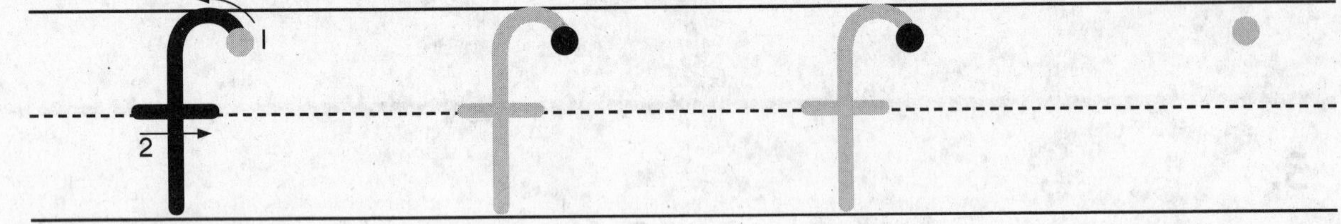

4. 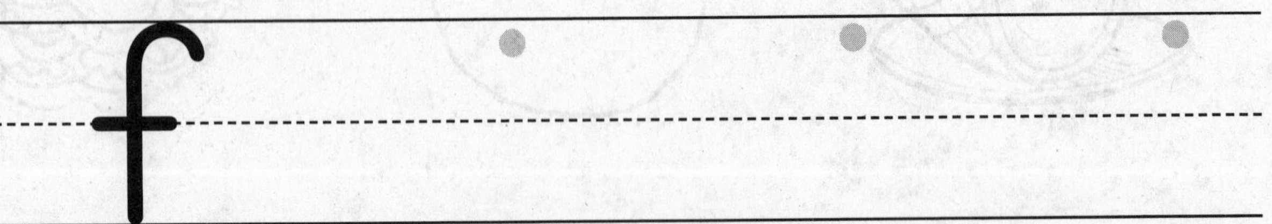

Caligrafía: F y *f*
Traza y escribe la letra *F*. Luego, traza y escribe la letra *f*.

Nombre ______________________________

1. d

2.

3.

4.

Repaso de fonética: /n/ y *n*, /d/ y *d*, /b/ y *v*

Di el nombre de cada dibujo. Escribe la letra *n*, *d* o *v* al lado de los dibujos cuyo nombre comienza con el sonido /n/, /d/ o /b/.

Nombre ______________________________

1.

2.

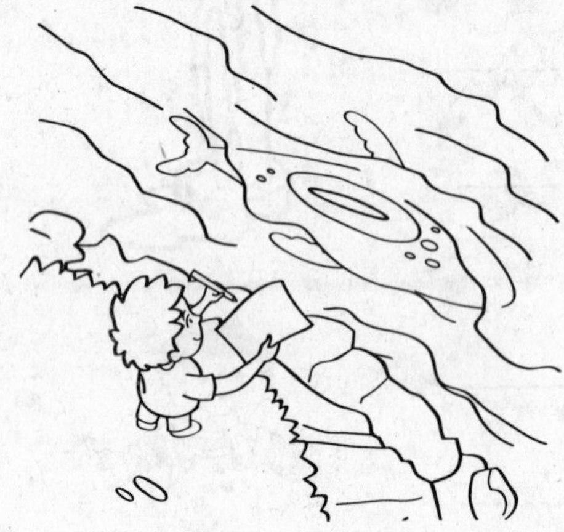

3.

Comprensión: Detalles clave
Mira y describe los dibujos. Luego, escribe *1*, *2* o *3* para mostrar qué pasó primero, qué pasó después y qué pasó al final.

Nombre ______________________________

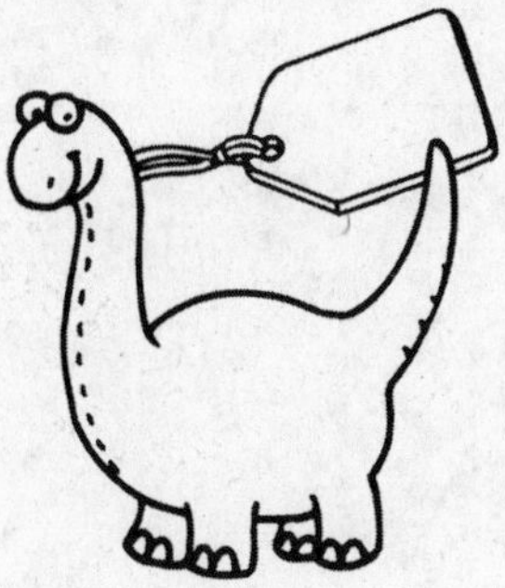

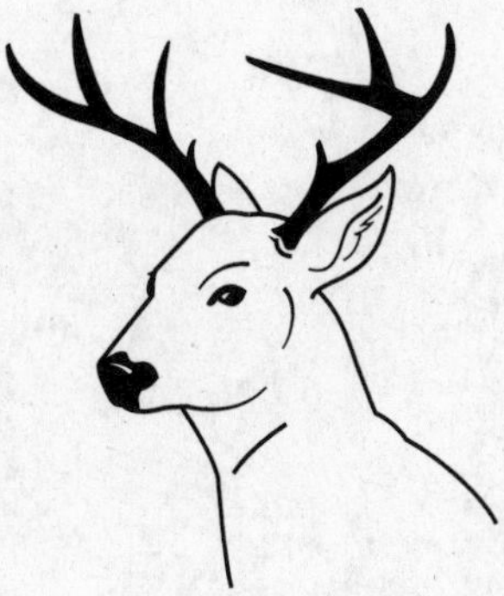

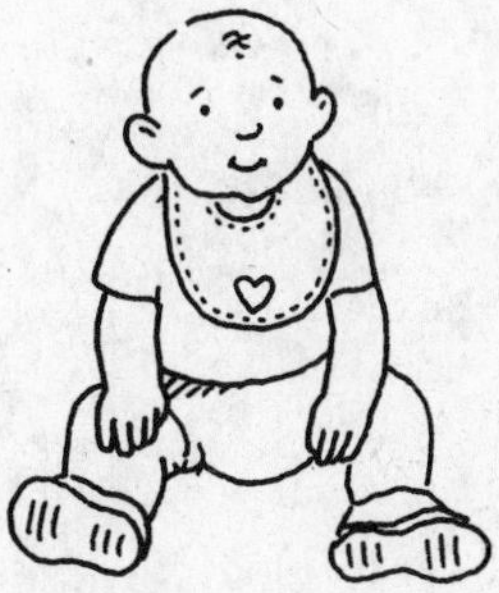

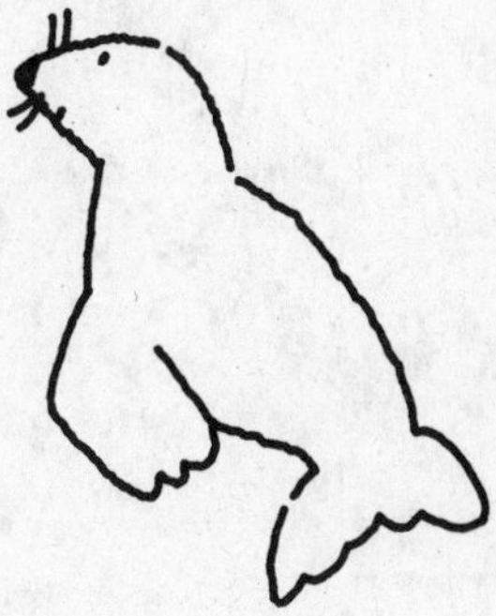

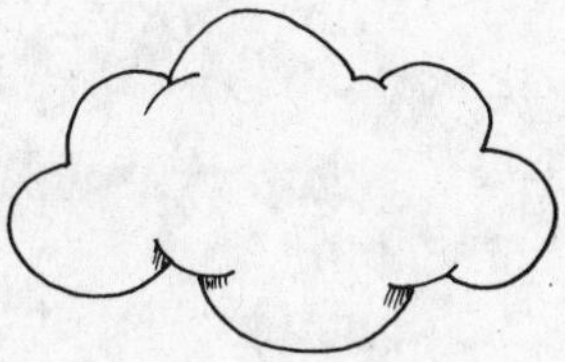

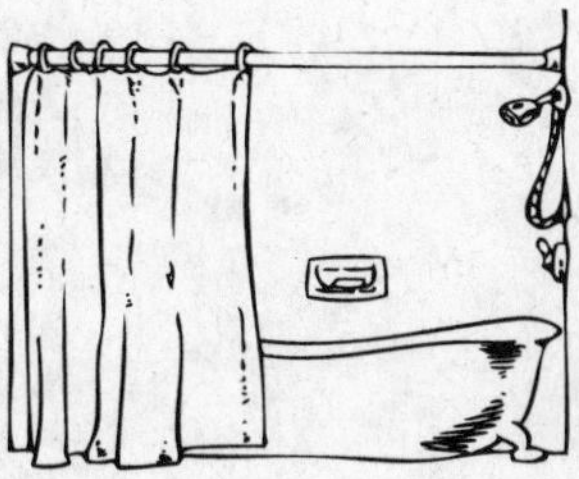

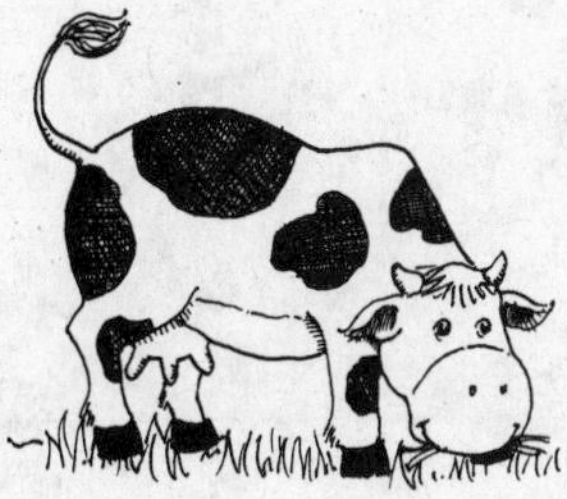

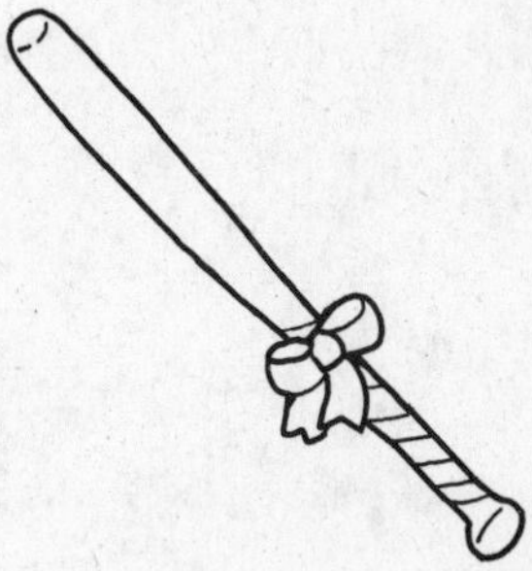

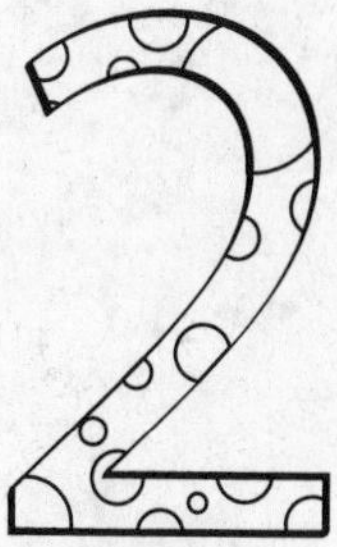

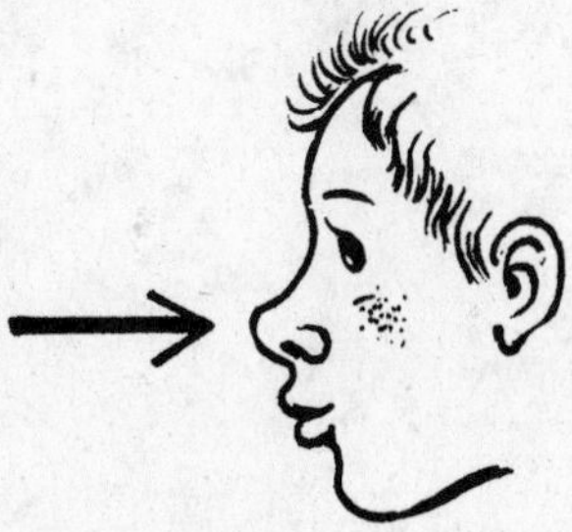

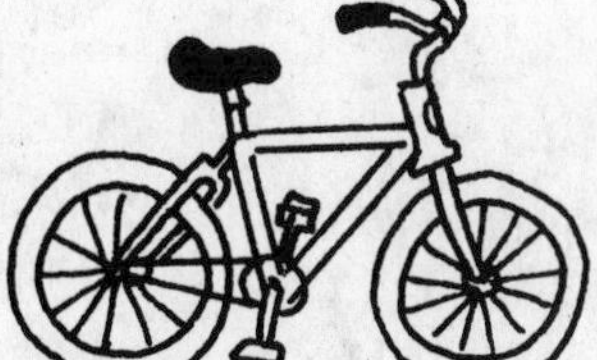

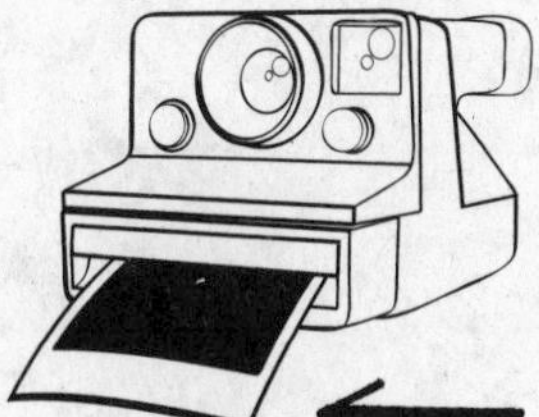

Juego de repaso de fonética: /n/ y *n*, /d/ y *d*, /b/ y *v*, /b/ y *b*, /f/ y *f*
Di el nombre de cada objeto y la letra con la que comienza el nombre. Luego, corta cada dibujo.

Juega

Nombre ______________________________

Juego de repaso de fonética: /n/ y *n*, /d/ y *d*, /b/ y *v*, /b/ y *b*, /f/ y *f*

Coloca las tarjetas con los dibujos boca abajo sobre la mesa. Da vuelta dos tarjetas y di el nombre de cada dibujo. Di la letra con la que comienzan los dibujos. Si los dos comienzan con la misma letra, ganas el par de tarjetas. El juego consiste en hallar todos los pares de tarjetas.

Nombre ______________________________

¡Y el libro va atado!

Palabras de uso frecuente: ***ella, y, voy, tiene, este***
Lee el libro a tu compañero o compañera.
Vuelve a leerlo para desarrollar fluidez.

Peso pesado

¡Este libro es pesado!

Ella tiene una  bicicleta .

Voy en la  bicicleta .

Nombre ______________________________

I.

2.

3.

Categoría de palabras: Posiciones
Pon una ficha sobre los dibujos en los que se muestra una posición.
Di la posición que se muestra en cada uno.

Escribe

Nombre ____________________

1.

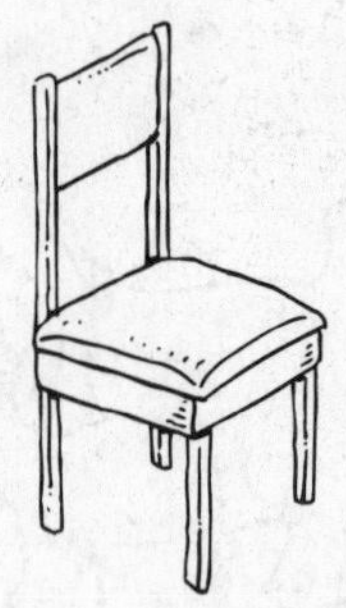

2.

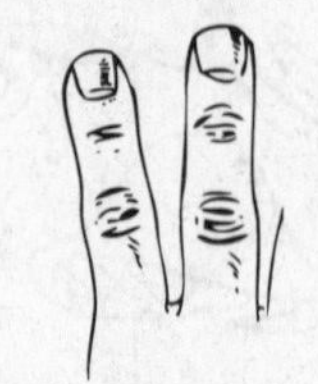

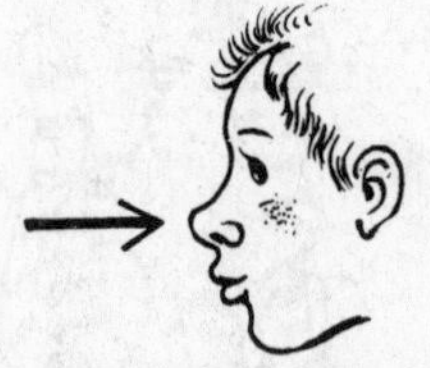

3.

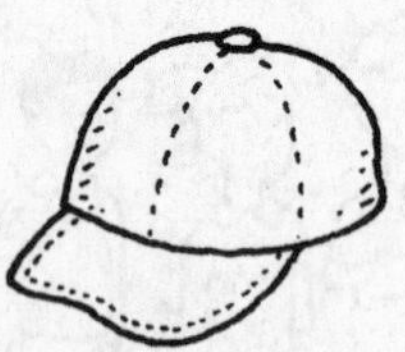

Repaso de fonética: /n/ y *n*, /d/ y *d*, /b/ y *v*, /b/ y *b*, /f/ y *f*
Mira los dibujos de cada fila. Di el nombre de cada dibujo. Encierra en un círculo los dibujos cuyo nombre empieza con el mismo sonido. Escribe la letra para ese sonido.

Nombre ______________________________

bate vela nube

1.

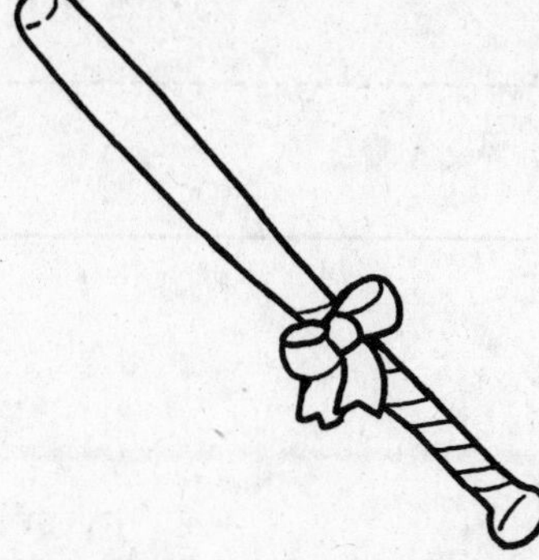

bate

2.

vela

3.

nube

Repaso de fonética: /n/ y *n*, /d/ y *d*, /b/ y *v*, /b/ y *b*, /f/ y *f*
Combina los sonidos para leer la palabra. Escribe la palabra. Repítela.

Nombre ____________________

1.

nudo

2.

bota

3.

vaso

Repaso de caligrafía: /n/ y *n*, /d/ y *d*, /b/ y *v*, /b/ y *b*, /f/ y *f*
Lee las palabras en voz alta. Escríbelas sobre la línea.

Nombre ________________________________

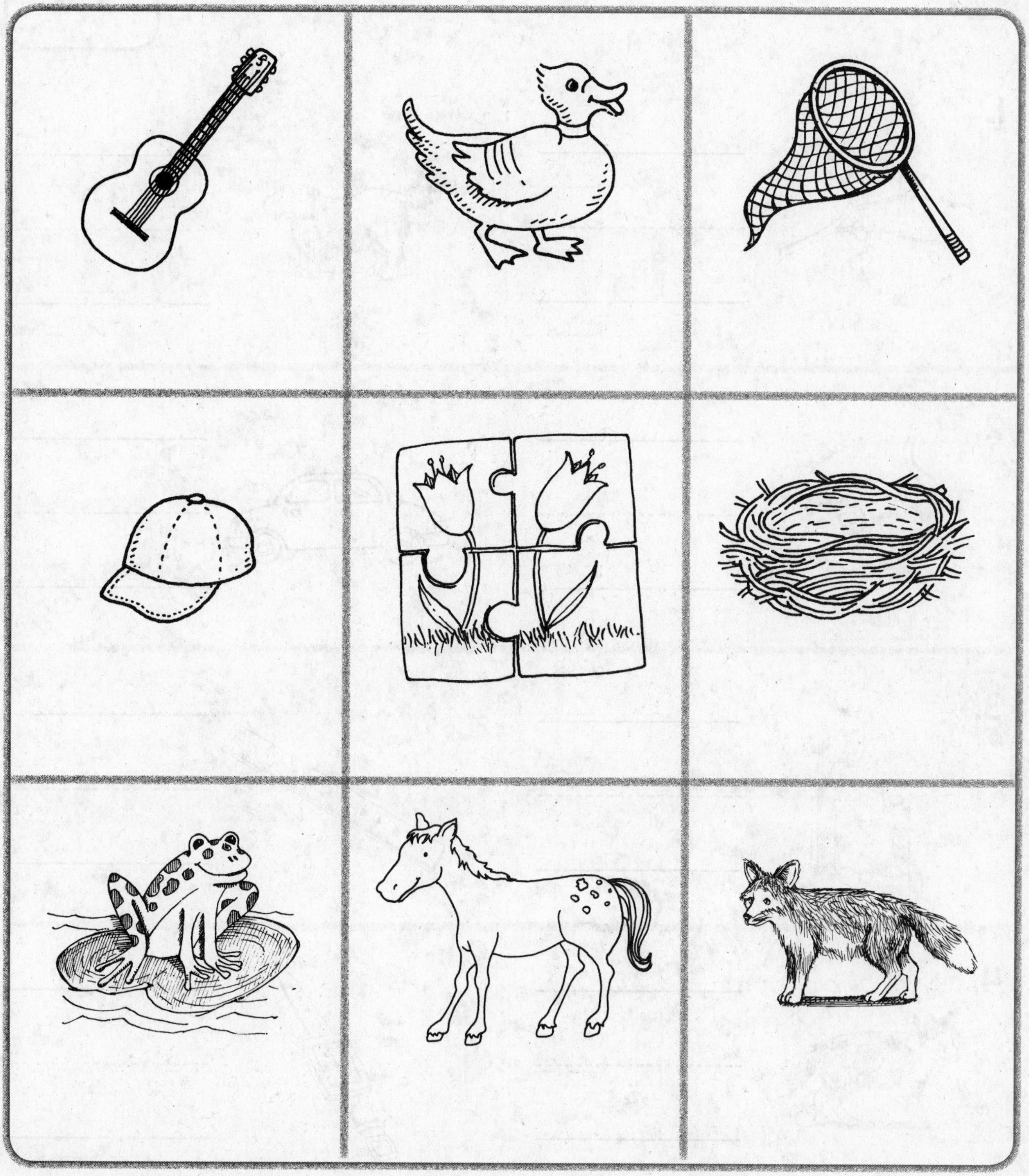

Reconocimiento fonológico: /rr/
Di el nombre de cada dibujo. Pon una ficha sobre los dibujos cuyo nombre incluye el sonido /rr/.

Nombre ______________________

1. r rr

2.

3.

4.

Fonética: /rr/ y *r*, /rr/ y *rr*
Di el nombre de cada dibujo. Escribe la letra *r* al lado de los dibujos cuyo nombre comienza con el sonido /rr/. Escribe *rr* al lado de los dibujos cuyo nombre tiene el sonido /rr/ en el medio.

Nombre ____________________

1.

2.

Comprensión: Personaje, ambiente, sucesos

1. Encierra en un círculo el dibujo del personaje principal de "La hormiguita Ita".
2. Encierra en un círculo el dibujo del ambiente del cuento.

Comenta un suceso del cuento con un compañero o una compañera.

Escribe

Nombre ______________________________

r

rr

Fonética: /rr/ y *r*, /rr/ y *rr*
Di el nombre de las cosas que ves en el dibujo. Encierra en un círculo los objetos cuyo nombre comienza con /rr/. Escribe la letra *r*. Encierra en un círculo los objetos cuyo nombre tiene /rr/ en el medio. Escribe *rr*.

Nombre ______________________

¡Toma, mamá!

Palabra de uso frecuente: ***qué***
Lee el libro a tu compañero o compañera.
Vuelve a leerlo para desarrollar fluidez.

¡Toma, mamá!

Sale una rosa.

¡Qué bonita se ve la parra!

Sale un tomate en la rama.

Nombre ____________________

1.

2.

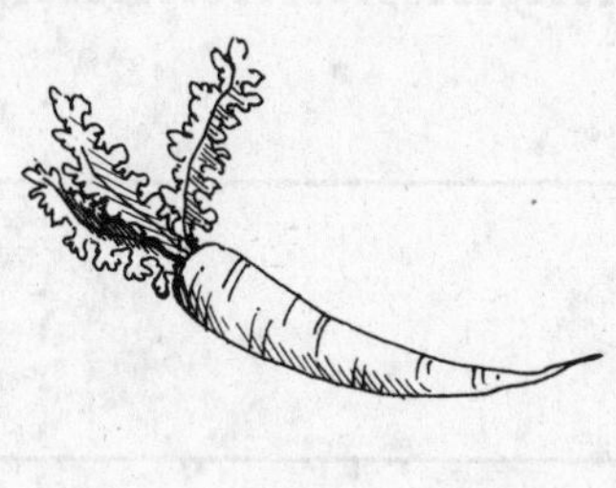

3.

Categoría de palabras: Tamaños

1. Pon una ficha sobre el dibujo de algo grande.
2. Pon una ficha sobre el dibujo de algo pequeño.
3. Pon una ficha sobre el dibujo de algo alto.

Nombre ______________________________

1. 

2. 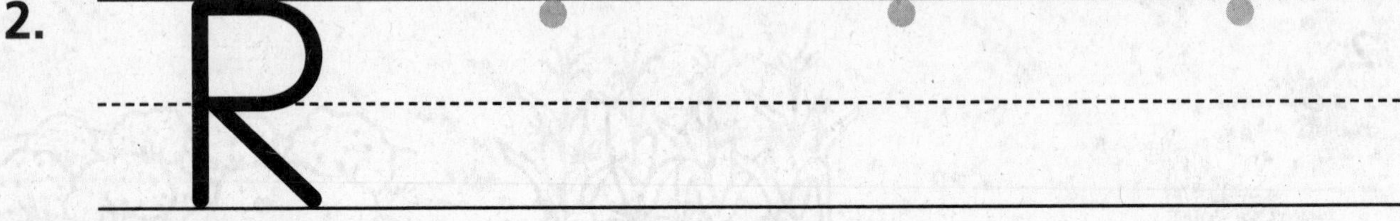

3. 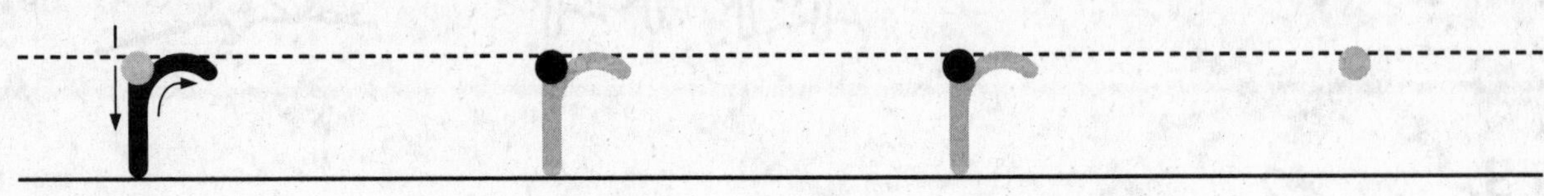

4. 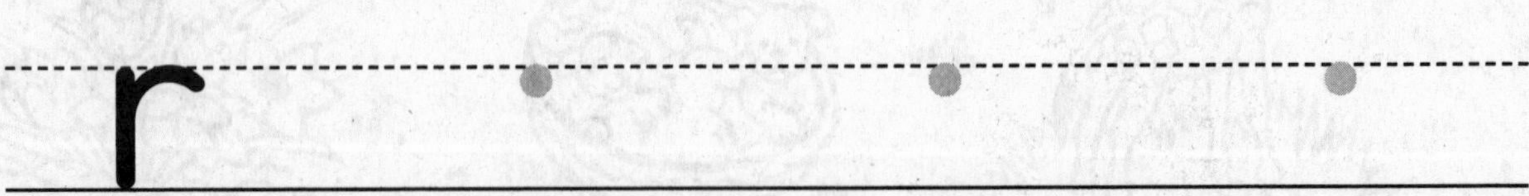

Caligrafía: *R* y *r*
Traza y escribe la letra *R*. Luego, traza y escribe la letra *r*.

Nombre ____________________

	Jabón	

Reconocimiento fonológico: /j/
Di el nombre de cada dibujo. Pon una ficha sobre los dibujos cuyo nombre comienza con el sonido /j/.

Escribe

Nombre ______________________

1.

2.

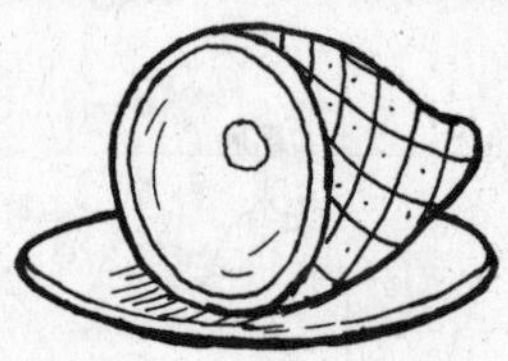

3.

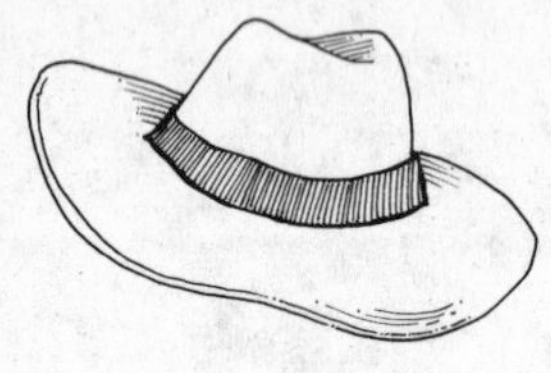

4.

Fonética: /j/ y *j*
Di el nombre de cada dibujo. Escribe la letra *j* al lado de los dibujos cuyo nombre comienza con el sonido /j/.

Nombre ______________________________________

I.

2.

Comprensión: Tema principal y detalles clave

Comenta a tu compañero o compañera el tema principal de "El viejo árbol".

1. Encierra en un círculo el dibujo que muestra un detalle del comienzo del cuento.
2. Encierra en un círculo el dibujo que muestra un detalle del final.

Escribe

Nombre ______________________________

j

Fonética: /j/ y *j*
Di el nombre de las cosas que ves en el dibujo. Encierra en un círculo los objetos cuyo nombre tiene el sonido /j/. Escribe la letra *j*.

Nombre ______________________________

¡Qué bonito nido!

Palabra de uso frecuente: ***por***
Lee el libro a tu compañero o compañera.
Vuelve a leerlo para desarrollar fluidez.

El nido

El ave se aleja.

Baja y toma una pajita.

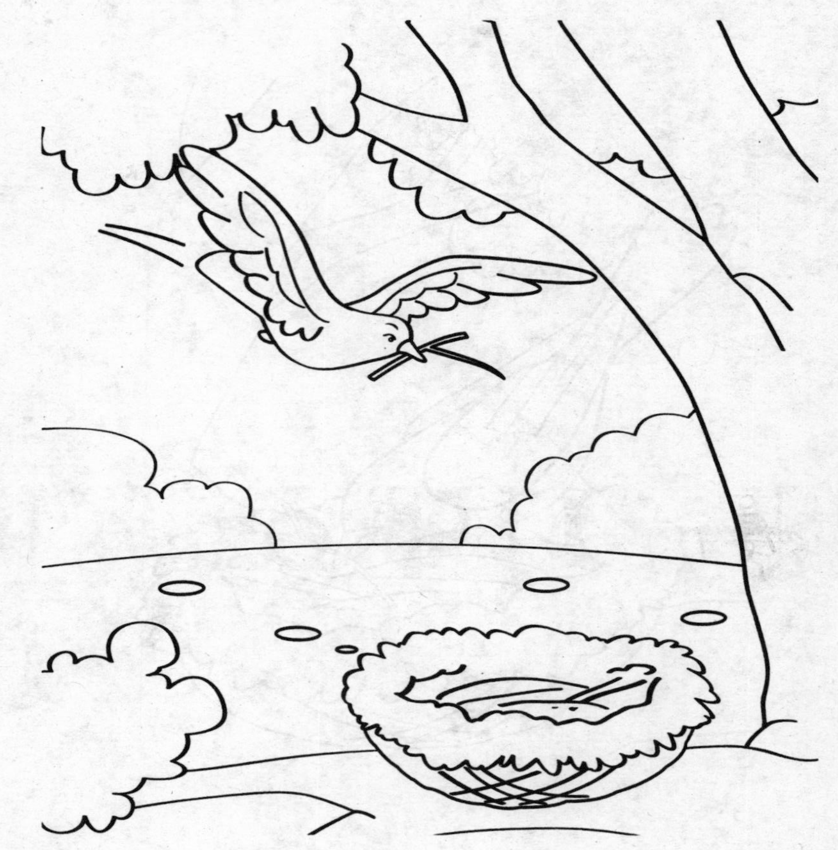

Pasa por debajo de
una rama.

Nombre ______________________________

1.

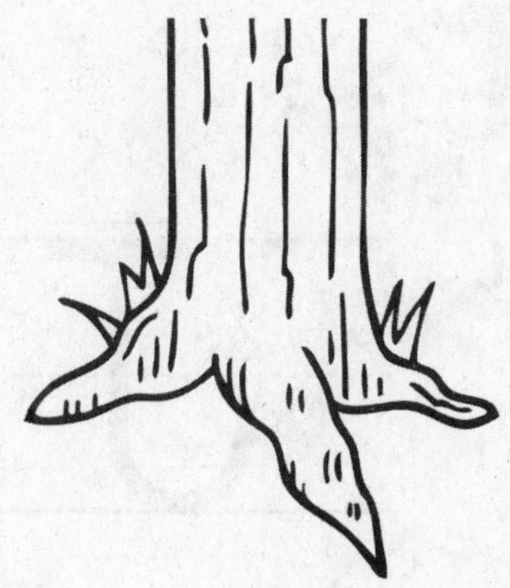

2.

3.

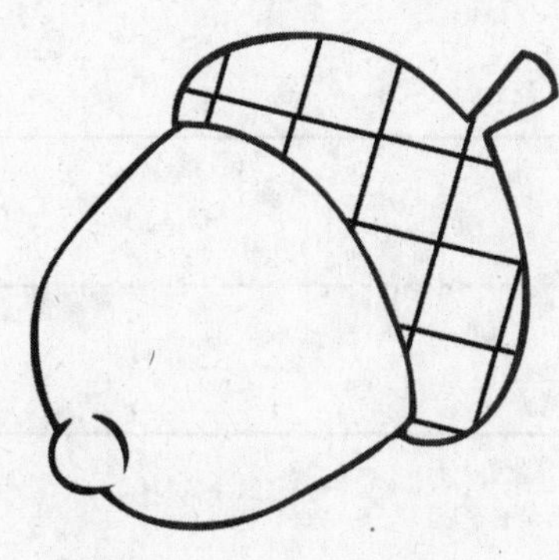

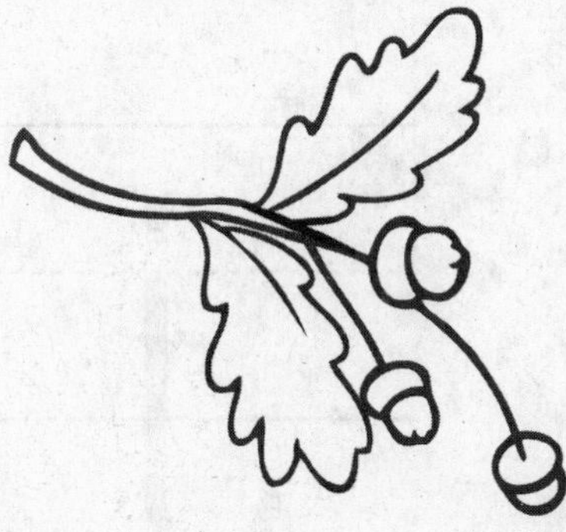

Categoría de palabras: Partes de un árbol
Describe los dibujos. Pon una ficha sobre los dibujos que muestran una parte de un árbol. Di el nombre de cada parte.

Nombre ____________________

1. 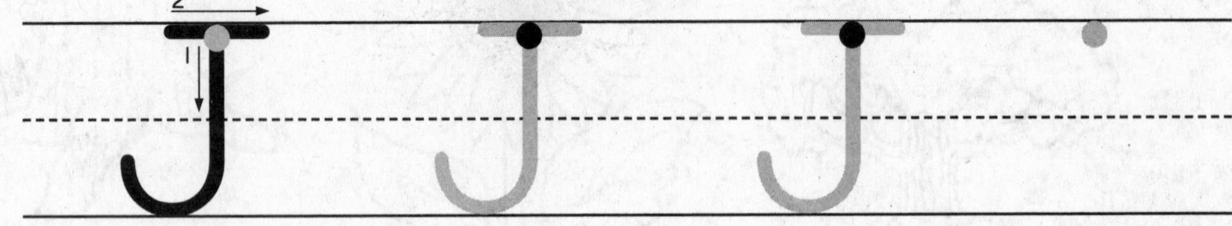

2. 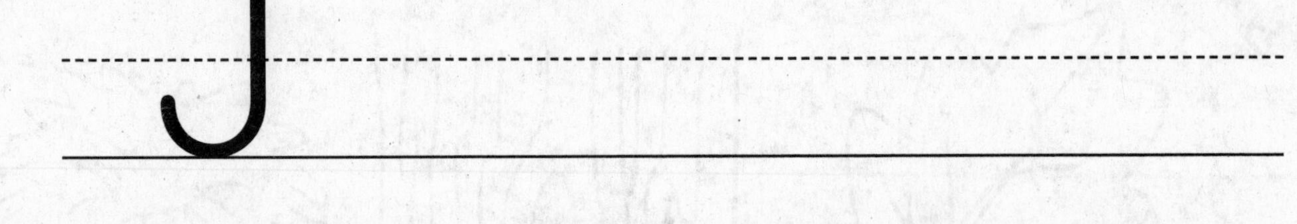

3. 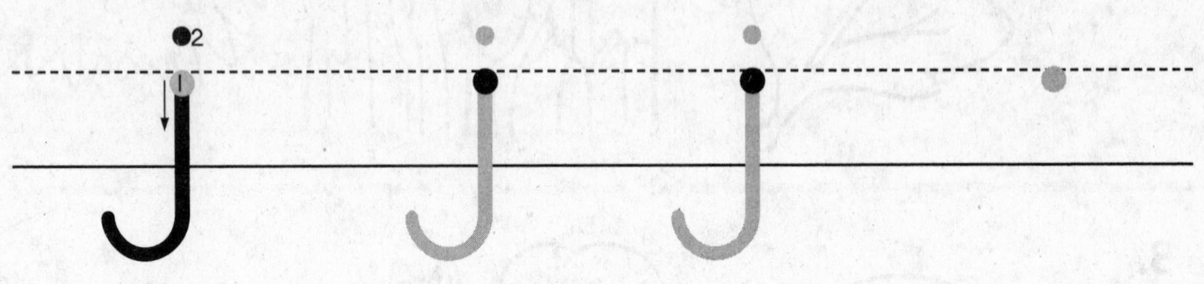

4. 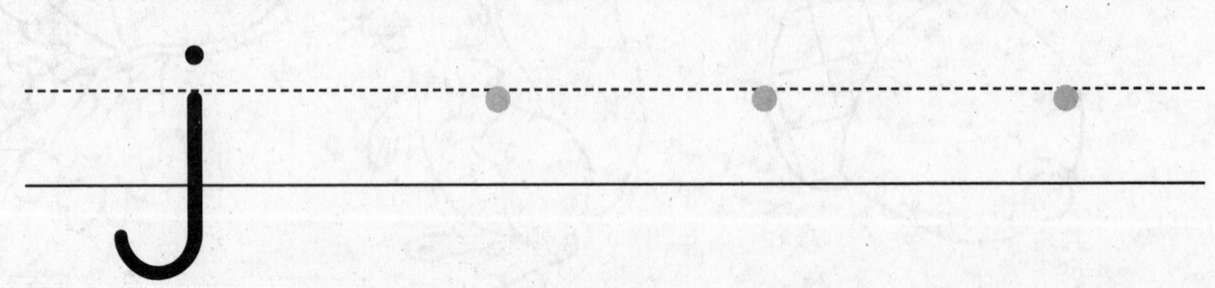

Caligrafía: *J* y *j*
Traza y escribe la letra *J*. Luego, traza y escribe la letra *j*.

Nombre ____________________________________

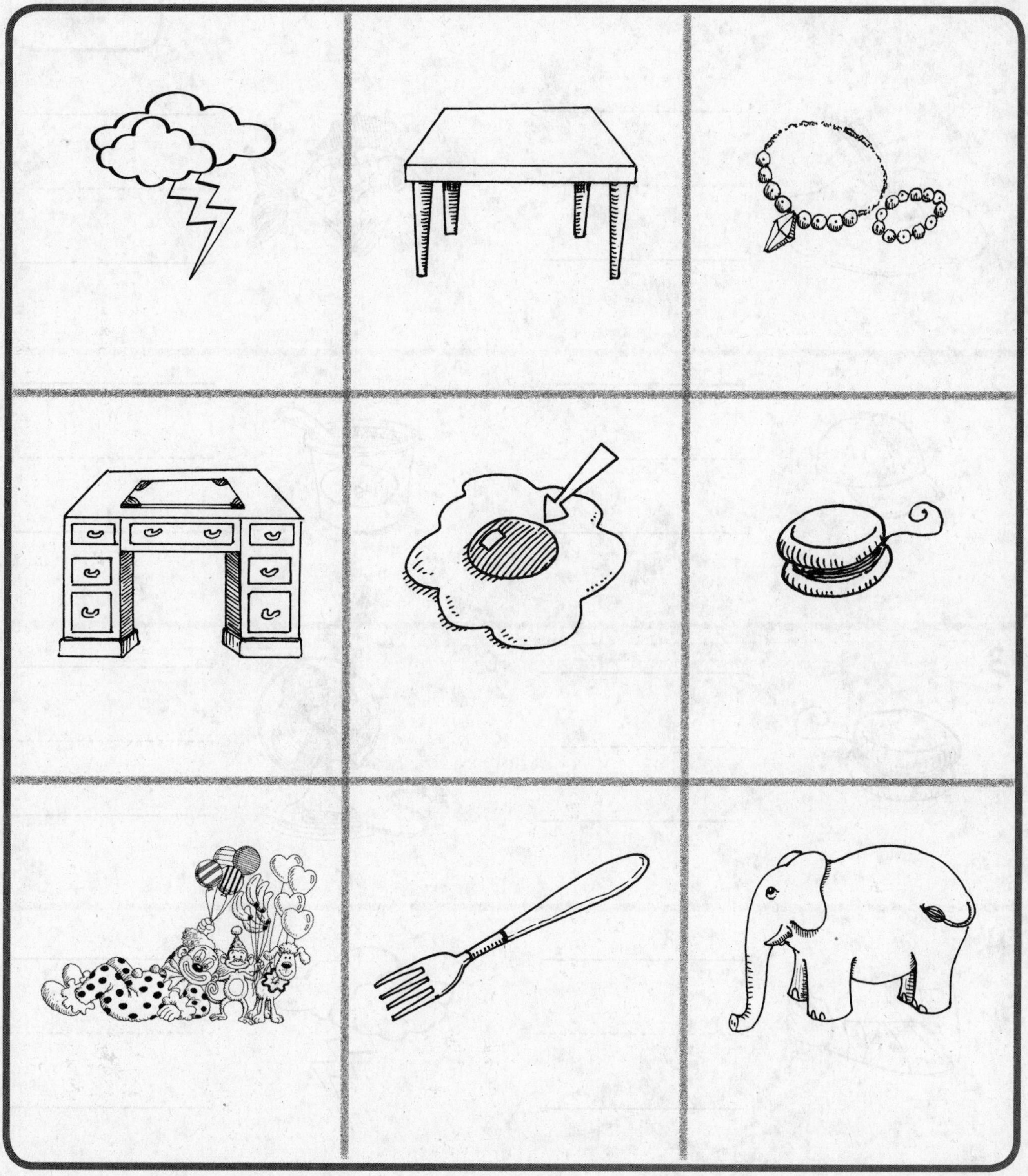

Reconocimiento fonológico: /y/
Di el nombre de cada dibujo. Pon una ficha sobre los dibujos cuyo nombre incluye el sonido /y/.

Nombre ______________________

1.

y

2.

3.

4.

Fonética: /y/ e *y*
Di el nombre de cada dibujo. Escribe la letra *y* al lado de los dibujos cuyo nombre tiene el sonido /y/.

Nombre ______________________________

I.

2.

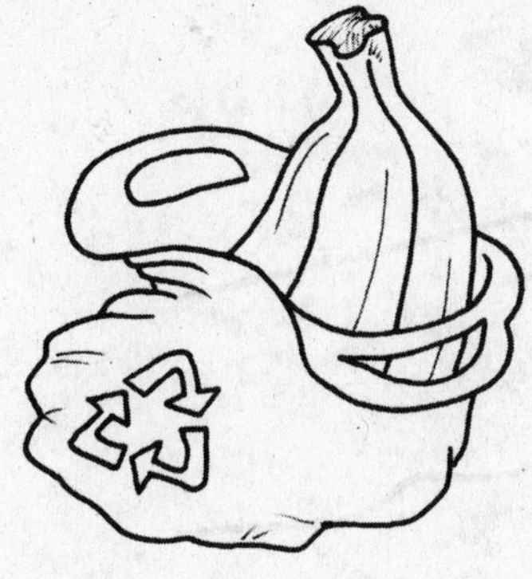

3.

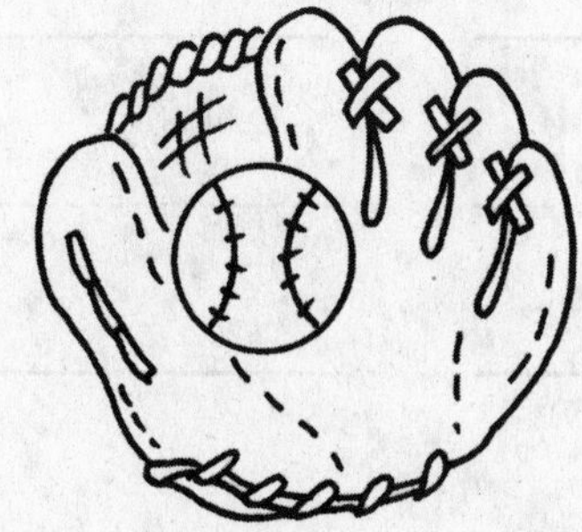

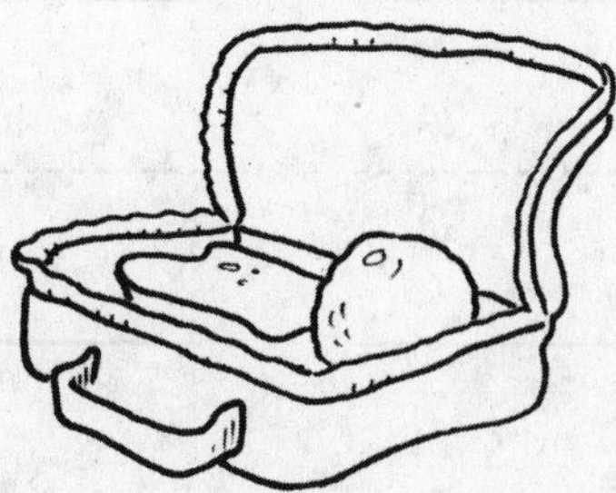

Comprensión: Tema principal y detalles clave
Encierra en un círculo los dibujos que muestran un detalle de "Naranja de enero". Describe a un compañero o una compañera los detalles de cada dibujo que encerraste en un círculo. Luego, comenta el tema principal del cuento.

Nombre ______________________

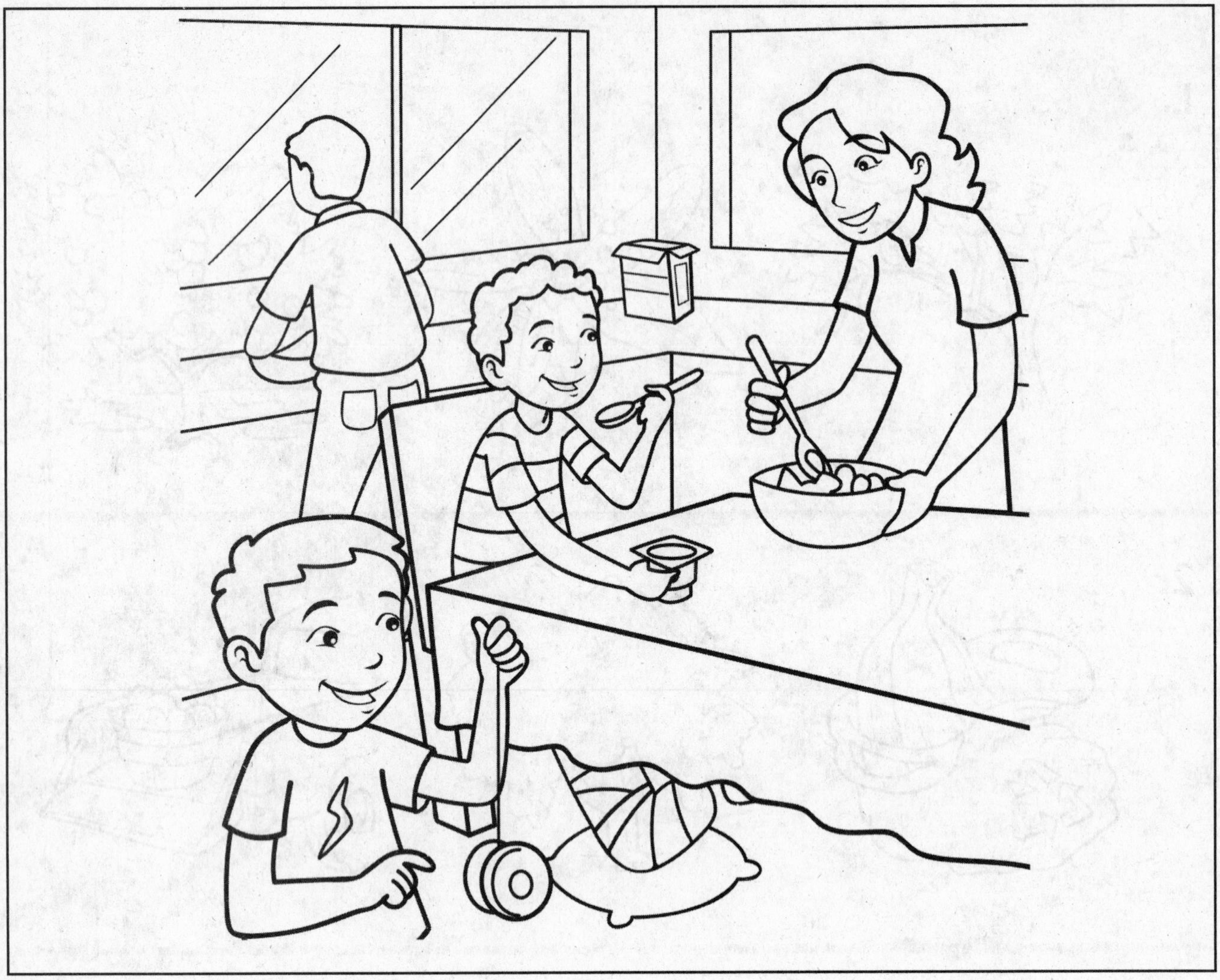

y

Fonética: /y/ e *y*
Di el nombre de las cosas que ves en el dibujo. Encierra en un círculo los objetos cuyo nombre tiene el sonido /y/. Escribe la letra *y*.

Nombre ______________________

¡A Yaya le gusta

mi desayuno!

Palabra de uso frecuente: ***gusta***
Lee el libro a tu compañero o compañera.
Vuelve a leerlo para desarrollar fluidez.

El desayuno

Papá me da el desayuno.

¡Me gusta mi desayuno!

Yaya se asoma.

Nombre ____

1.

2.

  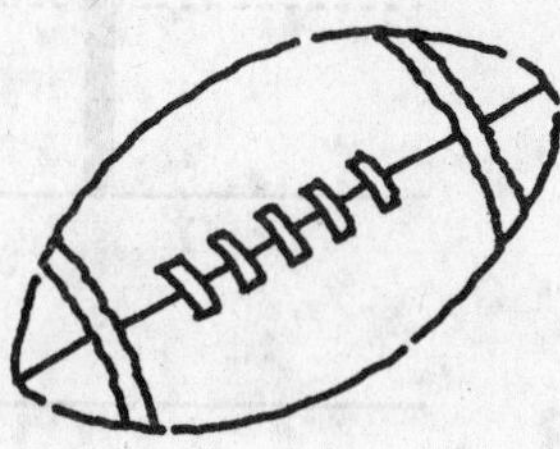

3.

  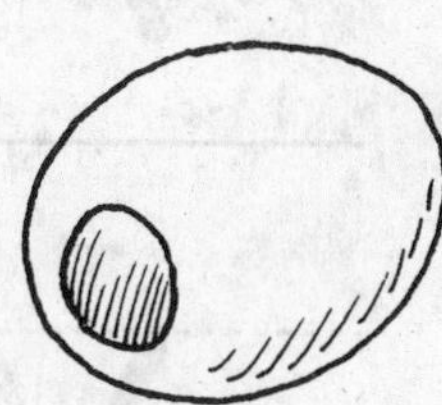

Categoría de palabras: Alimentos
Pon una ficha sobre los dibujos que muestran un alimento.
Di el nombre de cada alimento.

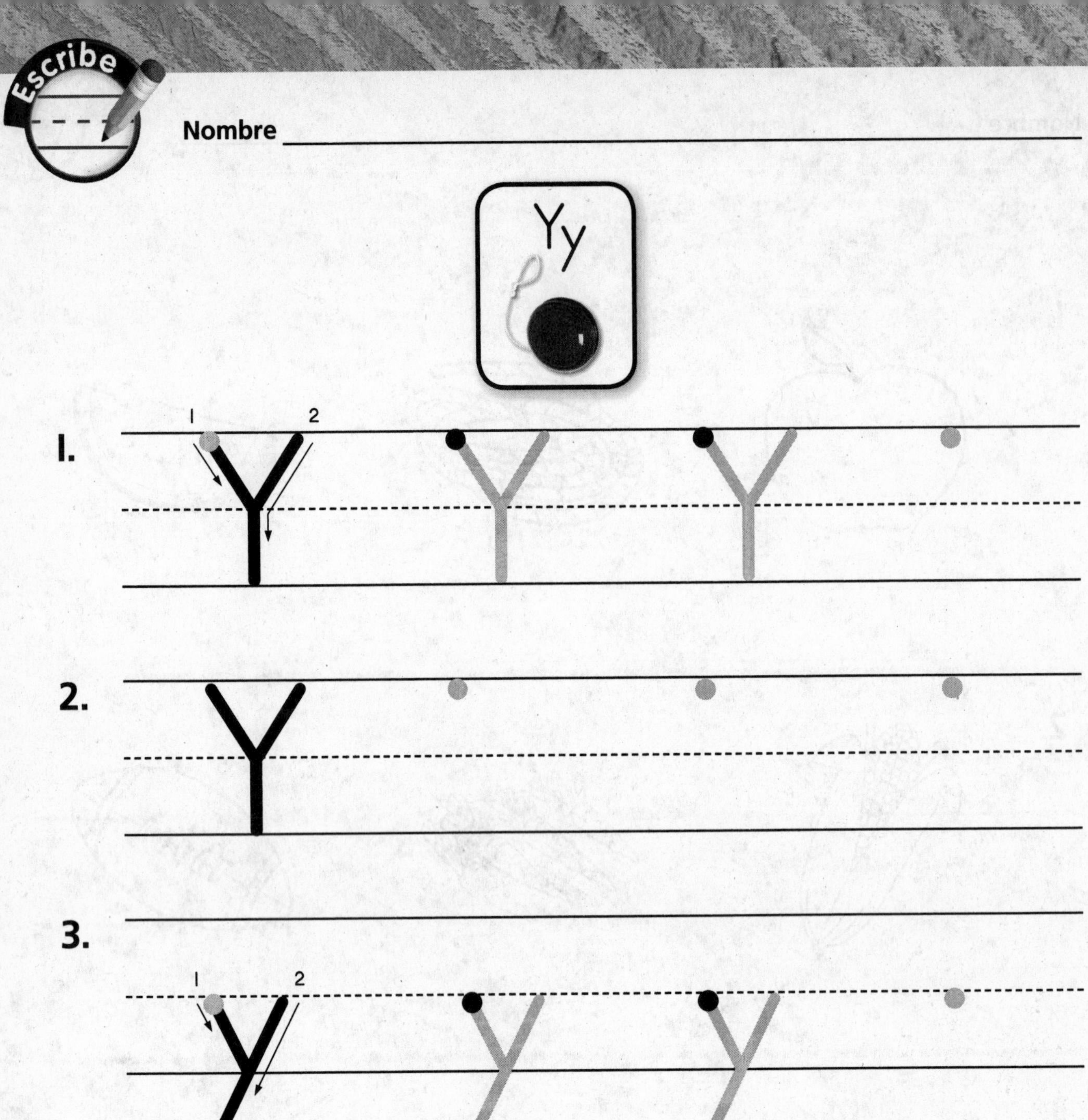

Caligrafía: ***Y*** **e** ***y***

Traza y escribe la letra *Y*. Luego, traza y escribe la letra *y*.

Nombre ____

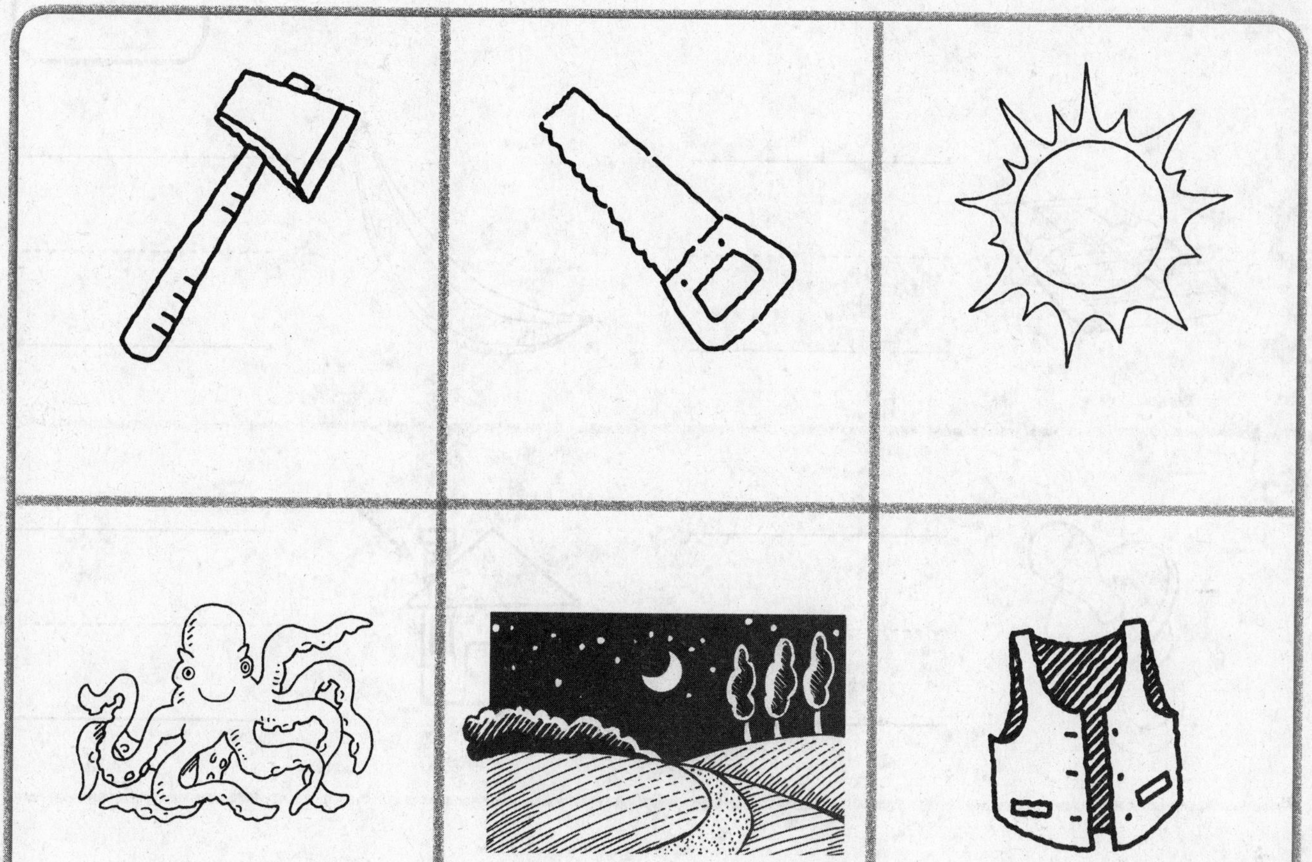

Reconocimiento fonológico: /ch/

Di el nombre de cada dibujo. Pon una ficha sobre los dibujos cuyo nombre incluye el sonido /ch/.

Escribe

Nombre ____________________

Ch ch

1.

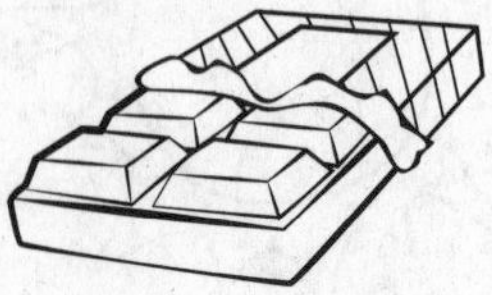

ch

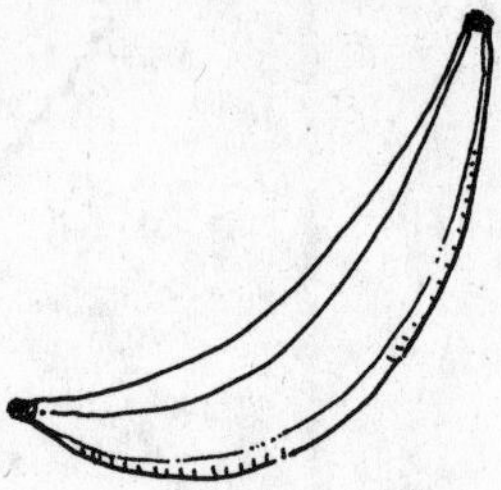

2.

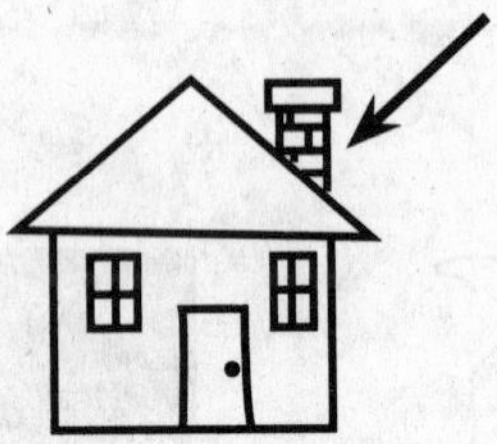

3.

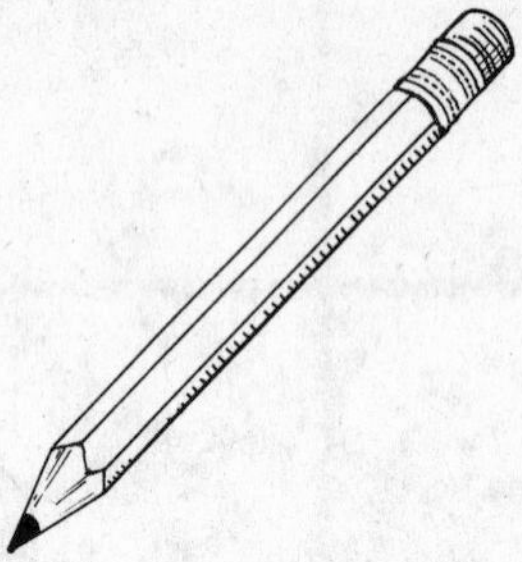

4.

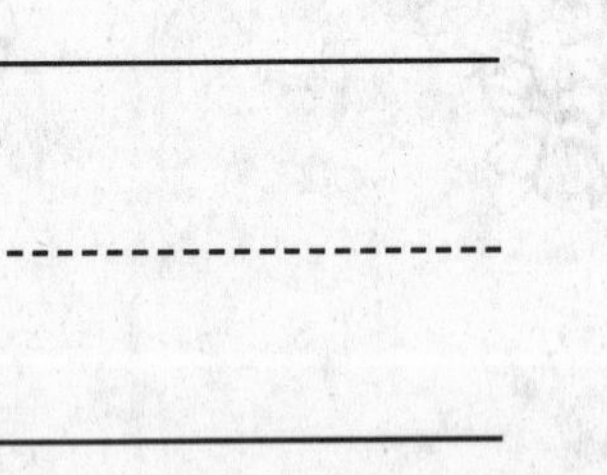

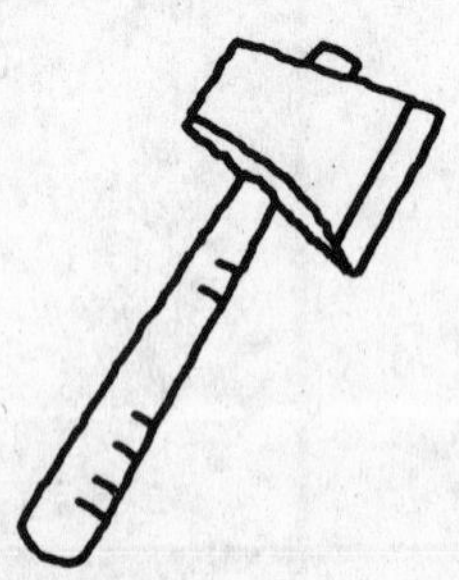

Fonética: /ch/ y *ch*
Di el nombre de cada dibujo. Escribe *ch* al lado de los dibujos cuyo nombre incluye el sonido /ch/.

Nombre ____________________

1.

2.

3.

Comprensión: Detalles clave

Mira los dibujos sobre el cuento "Colibrí y la lluvia".

1. Pon una ficha sobre el dibujo que muestra lo que ocurrió primero.
2. Pon una ficha sobre el dibujo que muestra lo que ocurrió después.
3. Pon una ficha sobre el dibujo que muestra lo que ocurrió al final.

Nombre ______________________________

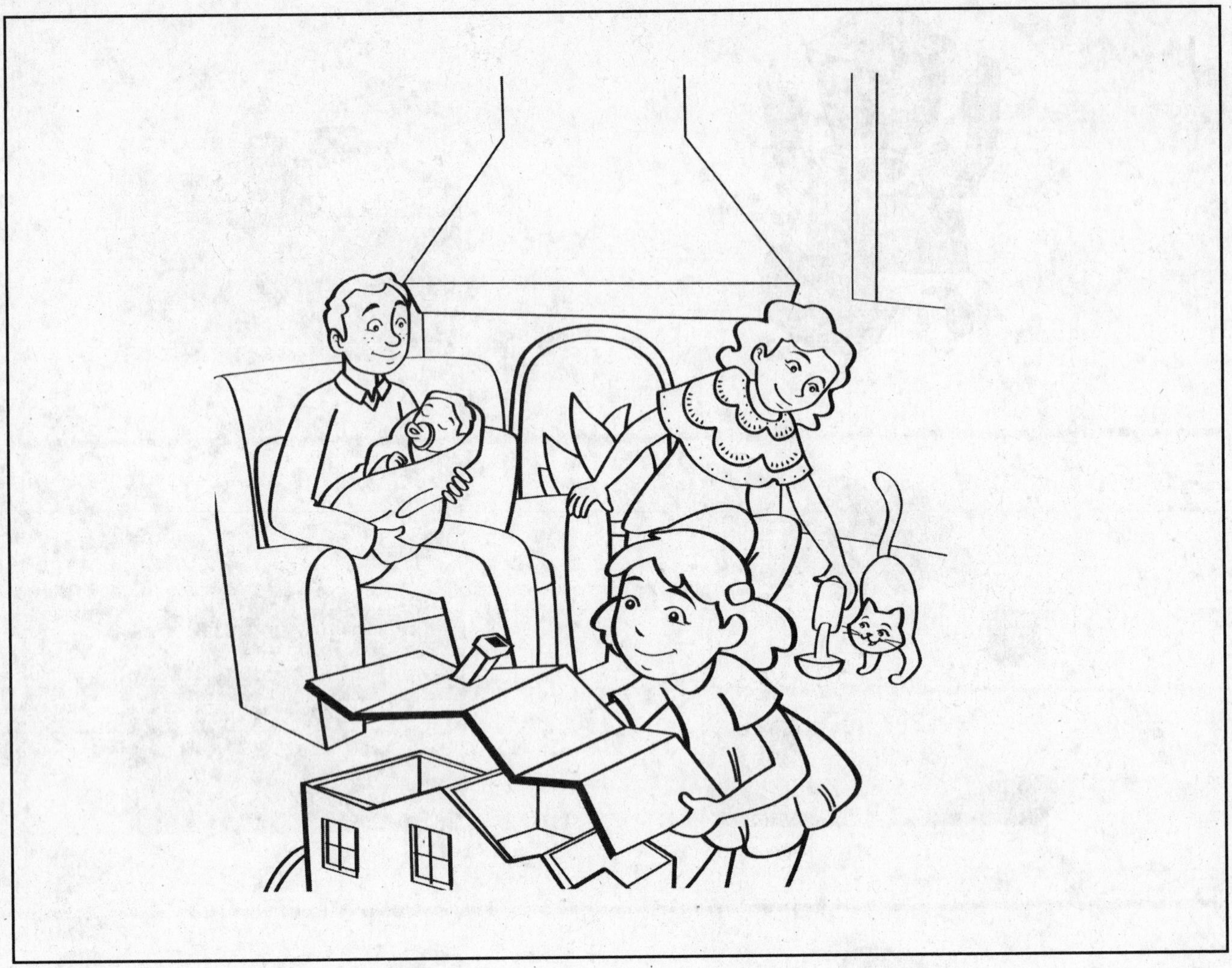

ch

Fonética: /ch/ y *ch*

Di el nombre de las cosas que ves en el dibujo. Encierra en un círculo los objetos cuyo nombre tiene el sonido /ch/. Escribe *ch*.

Nombre ______________________________

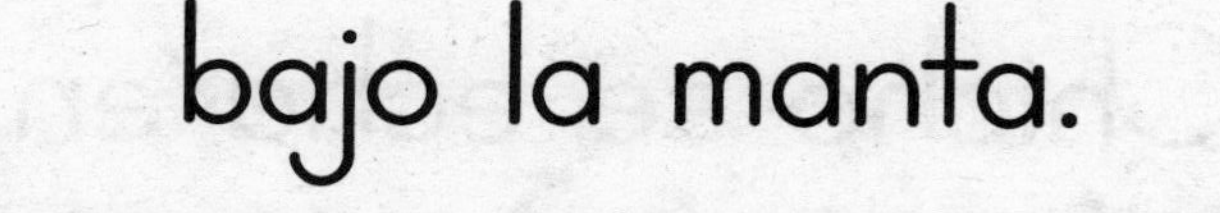

Chicho se echa

bajo la manta.

Palabras de uso frecuente: ***mira, en***
Lee el libro a tu compañero o compañera.
Vuelve a leerlo para desarrollar fluidez.

Vida de perro

Chicho mira la rosa.

¡Le gusta mucho!

Chicho chapotea.

Chicho se echa en la pila.

Nombre ____________________

1.

2.

3.

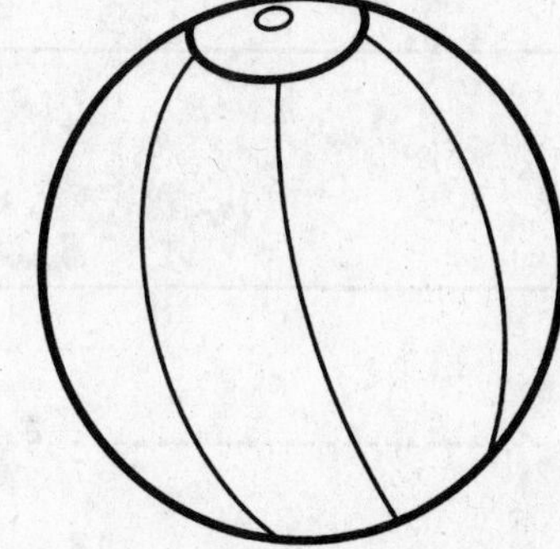

Categoría de palabras: Estaciones
Pon una ficha sobre los dibujos en los que se muestra algo relacionado con el invierno. Luego, haz lo mismo con los dibujos relacionados con el verano, con la primavera y con el otoño. Comenta con un compañero o una compañera cuál es tu estación favorita.

Nombre ______________________________

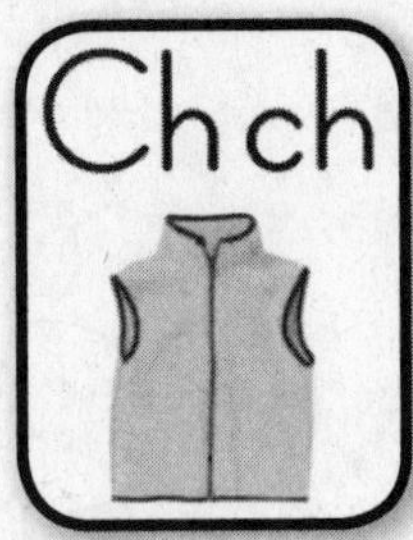

1.

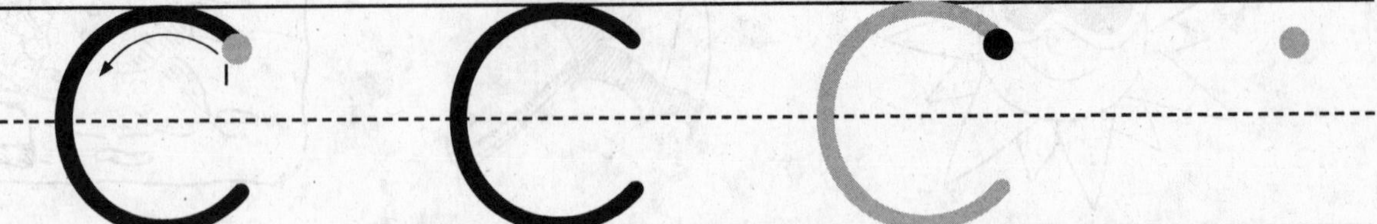

2.

3.

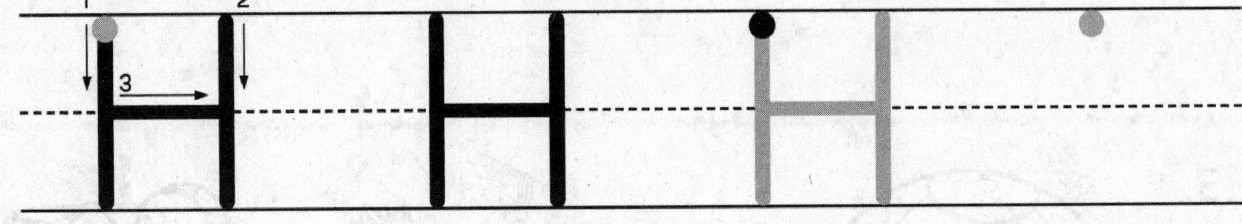

4.

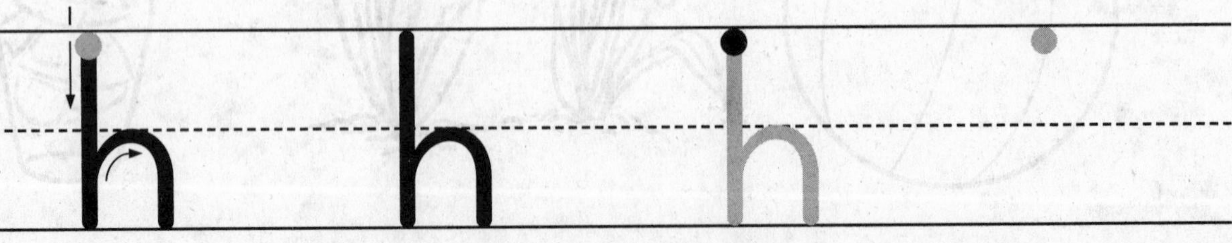

Caligrafía: *C* y *c*; *H* y *h*
Traza y escribe *C* y *c*. Luego, traza y escribe *H* y *h*.

Nombre ____

Reconocimiento fonológico: /ñ/
Di el nombre de cada dibujo. Pon una ficha sobre los dibujos cuyo nombre incluye el sonido /ñ/.

Nombre ______________________________

1. 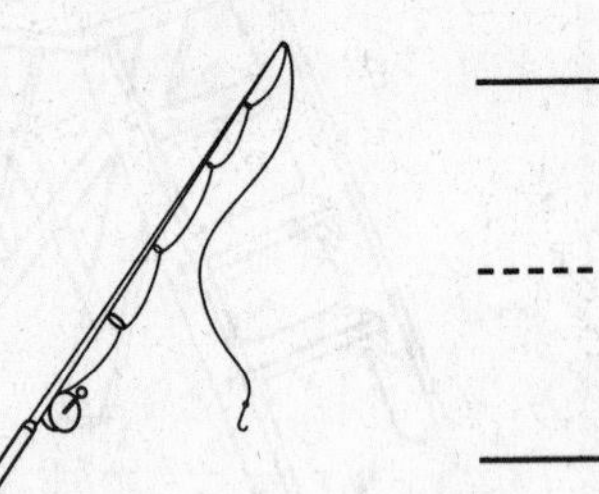 ñ 

2.  

3.  

4.  

Fonética: /ñ/ y *ñ*
Di el nombre de cada dibujo. Escribe la letra *ñ* al lado de los dibujos cuyo nombre incluye el sonido /ñ/.

Nombre ______________________________

1.

____

2.

____

3.

____

Comprensión: Detalles clave
Mira los dibujos sobre el cuento "La lluvia". Describe cada dibujo.
Luego, escribe *1, 2,* o *3* para indicar qué pasó primero, qué pasó después
y qué pasó al final.

Nombre ______________________________

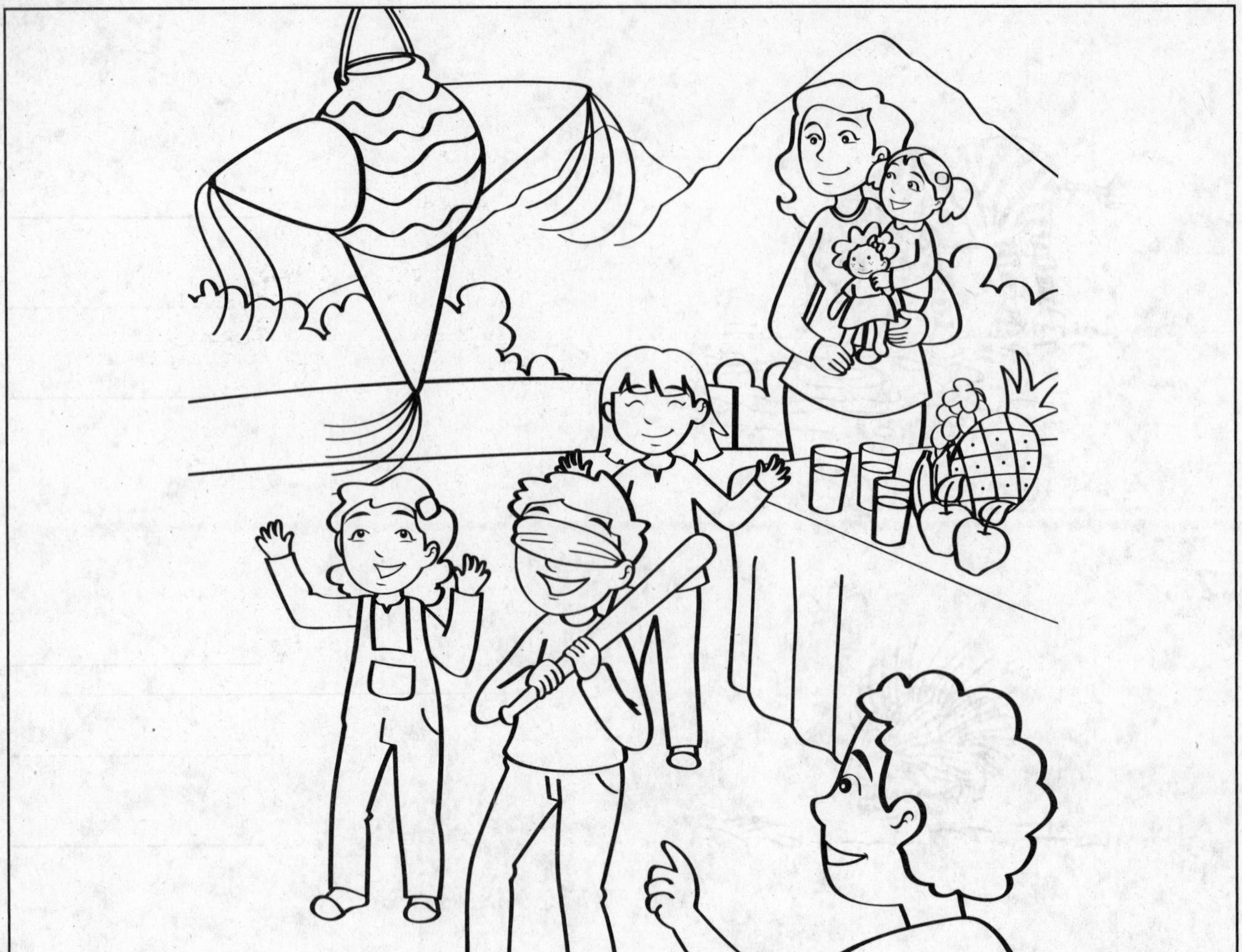

ñ

Fonética: /ñ/ y *ñ*
Di el nombre de las cosas que ves en el dibujo. Encierra en un círculo los objetos cuyo nombre incluye el sonido /ñ/. Escribe la letra *ñ*.

Nombre ________________________________

¡La nube nos baña!

Palabras de uso frecuente: ***juego, para***
Lee el libro a tu compañero o compañera.
Vuelve a leerlo para desarrollar fluidez.

Baño de nube

Es un bonito día.

Juego a la pelota.

El niño patea.

Es un pase para mí.

¿Para qué es eso, papá?

Papá señala la nube.

Nombre ____

I.

2.

3.

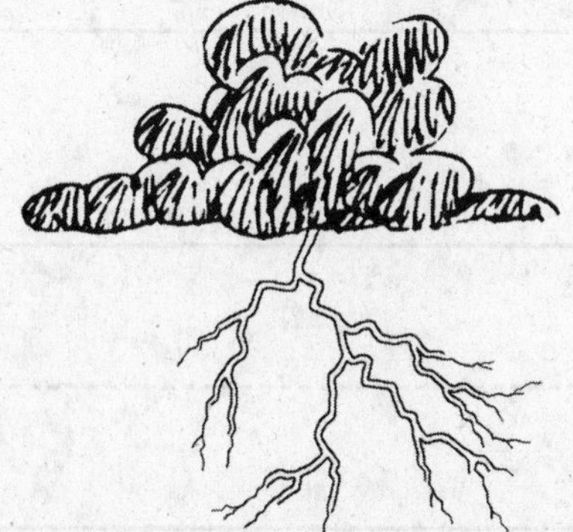

Categoría de palabras: Tiempo
Pon una ficha sobre los dibujos de distintos estados del tiempo. Comenta con un compañero o una compañera qué estado del tiempo se muestra en cada dibujo. Luego, comenta cuál es tu estado del tiempo favorito.

Nombre ____________________

1.

2.
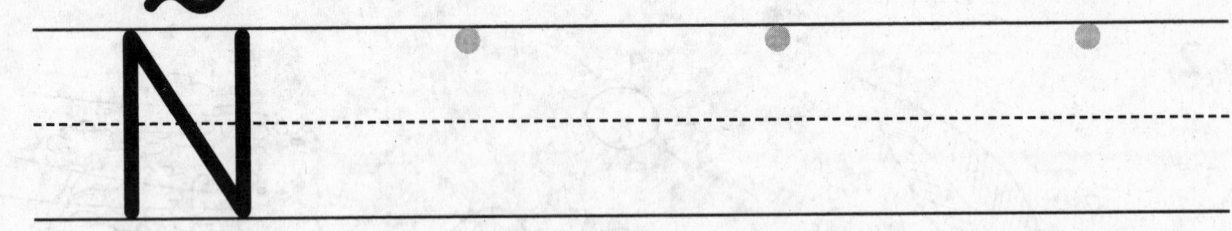

3.
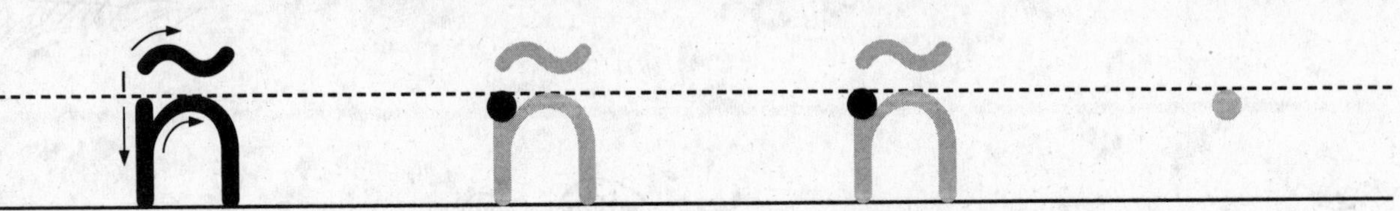

4.
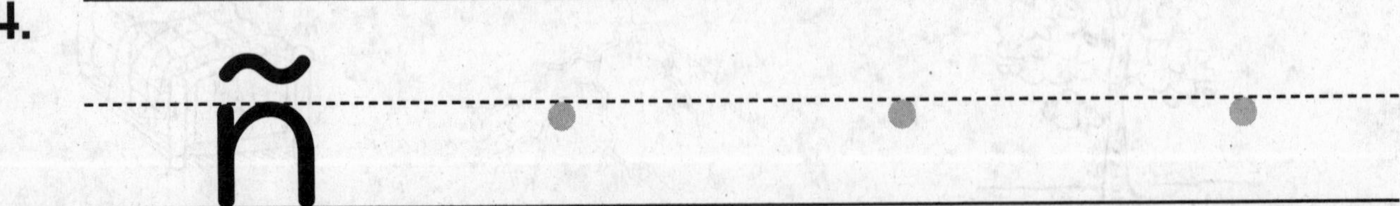

Caligrafía: ***Ñ*** **y** ***ñ***

Traza y escribe la letra *Ñ*. Luego, traza y escribe la letra *ñ*.

Nombre ______________________

1.

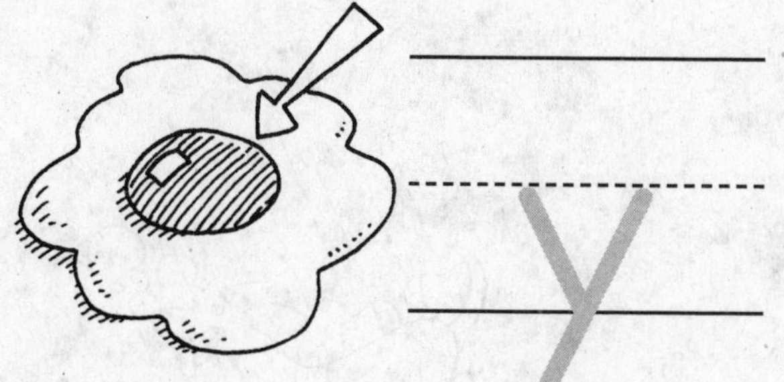

2.

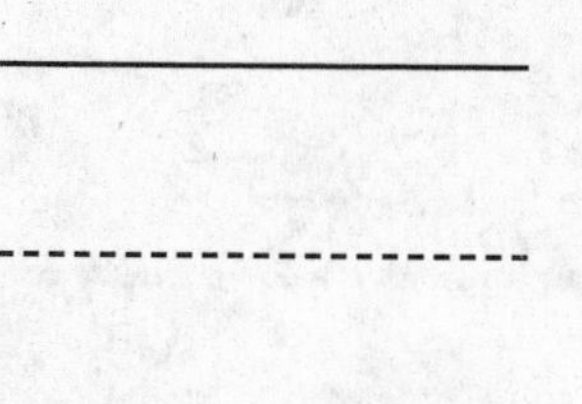

3.

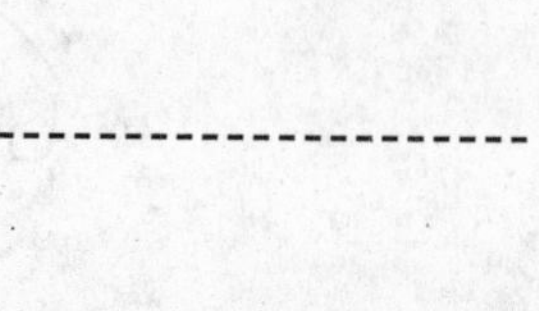

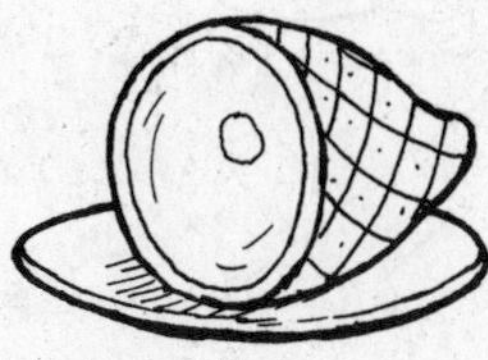

4.

Repaso de fonética: /rr/ y *r*, /rr/ y *rr*, /j/ y *j*, /y/ e *y*
Di el nombre de cada dibujo. Escribe la letra *r*, *j* o *y* al lado de los dibujos cuyo nombre comienza con el sonido /rr/, /j/ o /y/. Escribe *rr* al lado de los dibujos cuyo nombre tiene /rr/ en el medio.

Haz un círculo

Nombre ______________________________

1.

2.

3.

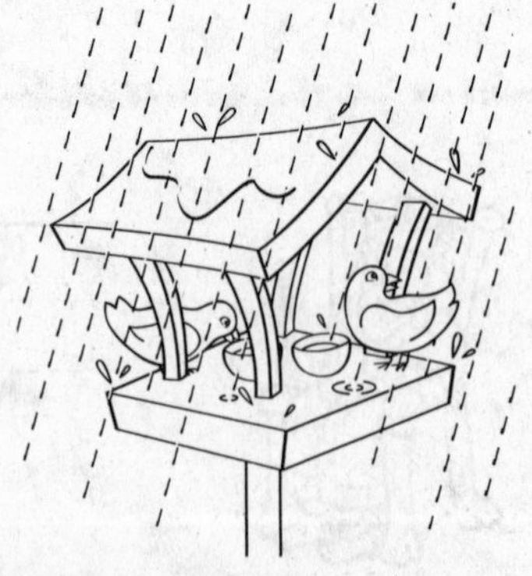

Comprensión: Detalles clave

1. Encierra en un círculo el dibujo que muestra cómo el perro se protege de la lluvia.
2. Encierra en un círculo el dibujo que muestra al abuelo bajo de la lluvia.
3. Encierra en un círculo el dibujo que muestra cómo los pájaros se protegen de la lluvia.

Nombre ____________________

jabón

Juego de repaso de fonética: /rr/ y *r*, /rr/ y *rr*, /j/ y *j*, /y/ e *y*, /ch/ y *ch*, /ñ/ y *ñ*
Recorta los dibujos por la línea de puntos. Di el nombre de cada dibujo. ¿Tiene el sonido /rr/, /j/, /y/, /ch/ o /ñ/? Da vuelta el papel y traza la letra que representa ese sonido. Luego, forma pares con las palabras que tienen el mismo sonido.

Corta

Nombre ____________________

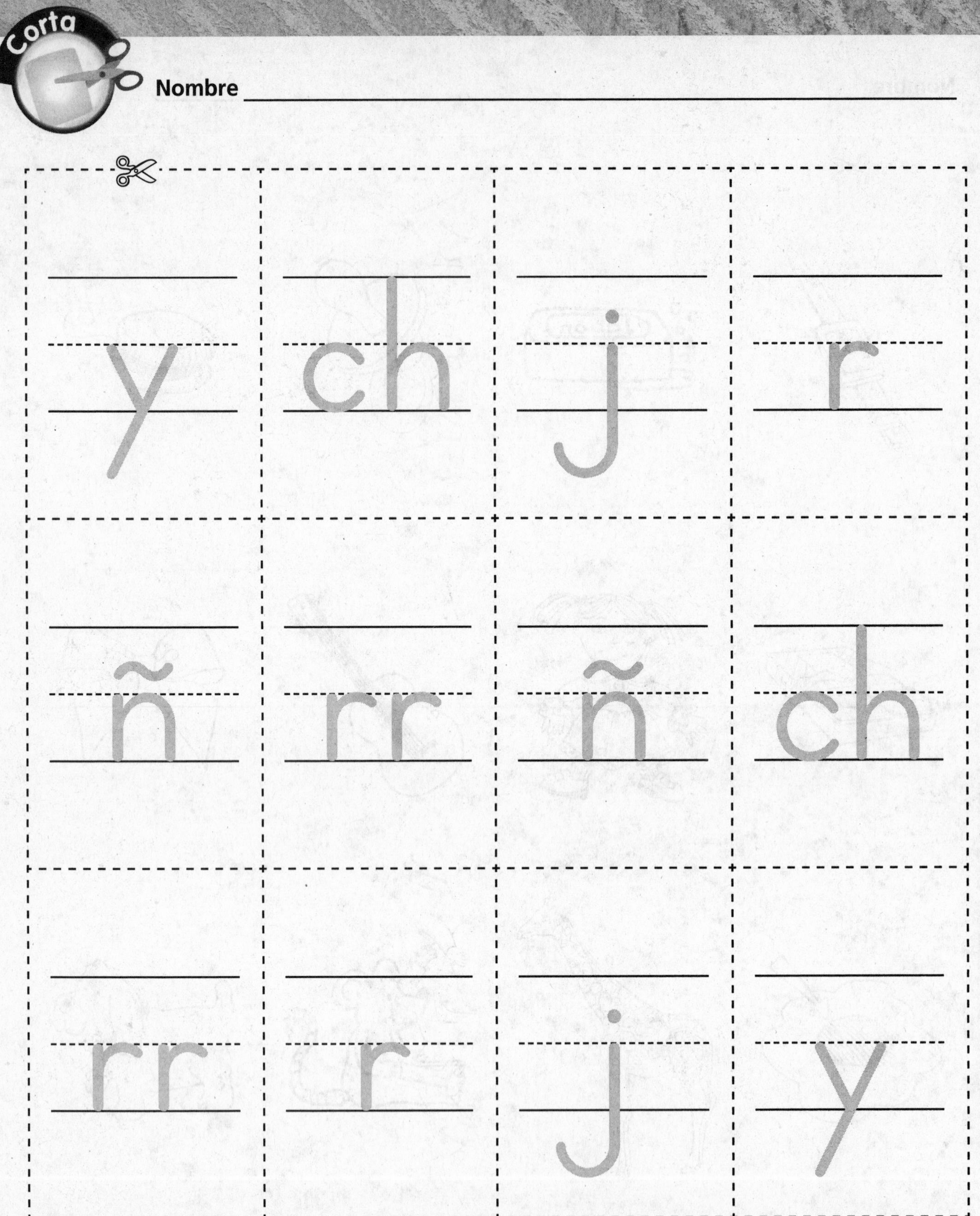

Juego de repaso de fonética: /rr/ y *r*, /rr/ y *rr*, /j/ y *j*, /y/ y *y*, /ch/ y *ch*, /ñ/ y *ñ*
Traza las letras. Di el sonido que corresponde a esa letra. Menciona otra palabra que tenga ese sonido y esa letra.

Nombre ______________________________

Es para ti, perrito.

Palabras de uso frecuente: ***qué, por, gusta, mira, en, juego, para***
Lee el libro a tu compañero o compañera.
Vuelve a leerlo para desarrollar fluidez.

El rayo

Juego en la sala.

El perro mira la leña.

¿Por qué se va mi perro?

¡No le gusta el rayo!

Se va bajo la mesa.

¡Ven, perrito!

Nombre ______________________________

1.

2.

3.

Categoría de palabras: Palabras para preguntar

1. Encierra en un círculo la respuesta a la pregunta "¿Quién?".
2. Encierra en un círculo la respuesta a la pregunta "¿Qué?".
3. Encierra en un círculo la respuesta a la pregunta "¿Dónde?".

Nombre ____________________

1.

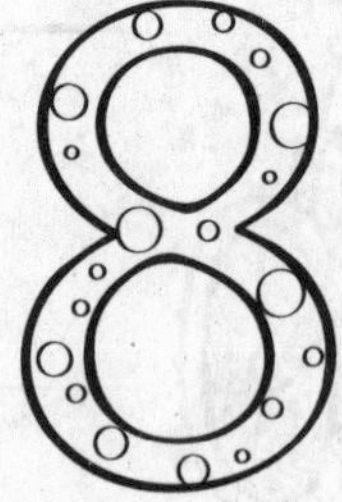

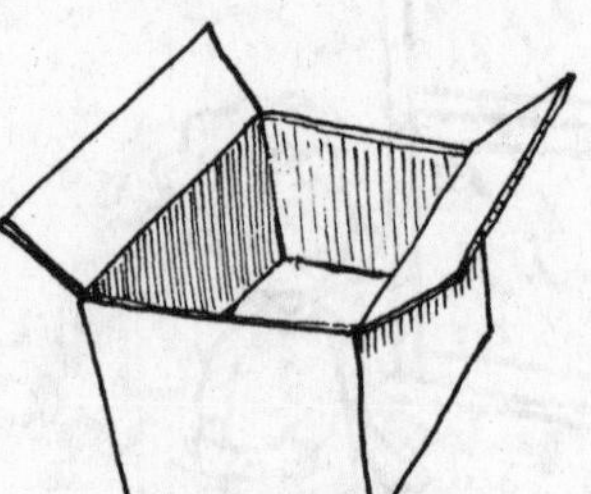

2.

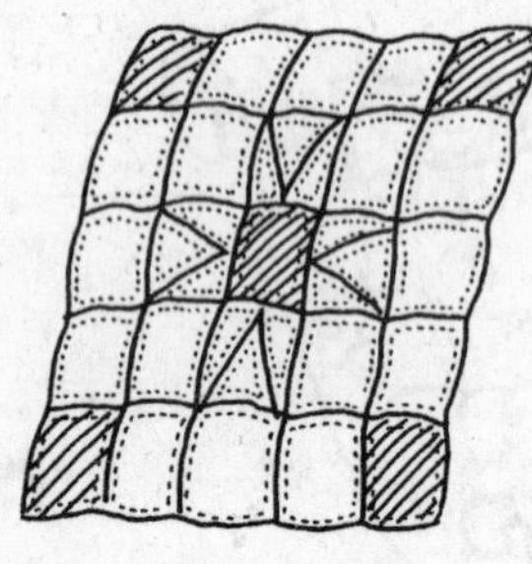

3.

Repaso de fonética: /rr/ y *r*, /rr/ y *rr*, /j/ y *j*, /y/ e *y*, /ch/ y *ch*, /ñ/ y *ñ*
Di el nombre de los dibujos de la fila. ¿Tienen el sonido /rr/, /j/, /y/, /ch/ o /ñ/? Encierra en un círculo los dibujos de la fila que comparten uno de esos sonidos. Escribe la letra que corresponde a ese sonido.

Nombre ______________________

rayo jarra noche

1.

rayo rayo

2.

jarra

3.

noche

Repaso de fonética: /rr/ y *r*, /rr/ y *rr*, /j/ y *j*, /y/ e *y*, /ch/ y *ch*, /ñ/ y *ñ*
Combina los sonidos para leer cada palabra.
Escribe la palabra junto a la imagen.

Escribe

Nombre ______________________

1.

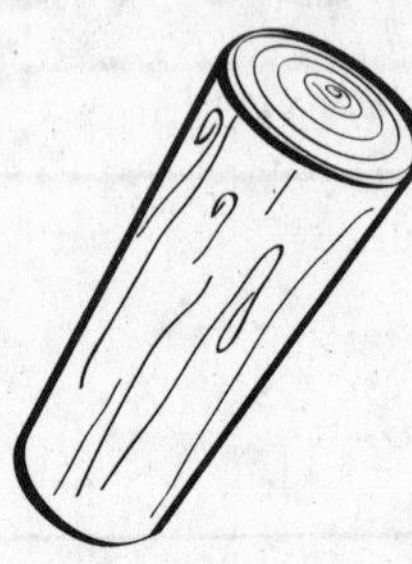

leño

2.

perro

3.

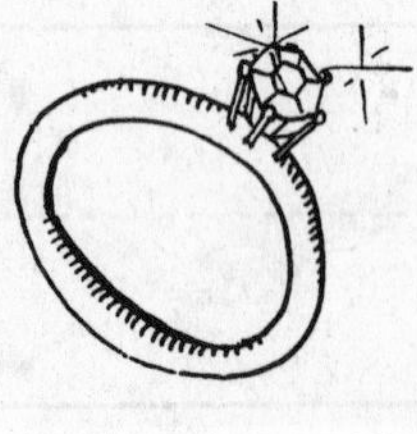

joya

Repaso de caligrafía
Lee las palabras y escríbelas. Luego, lee las palabras a un compañero o a una compañera.

Nombre ______________________________

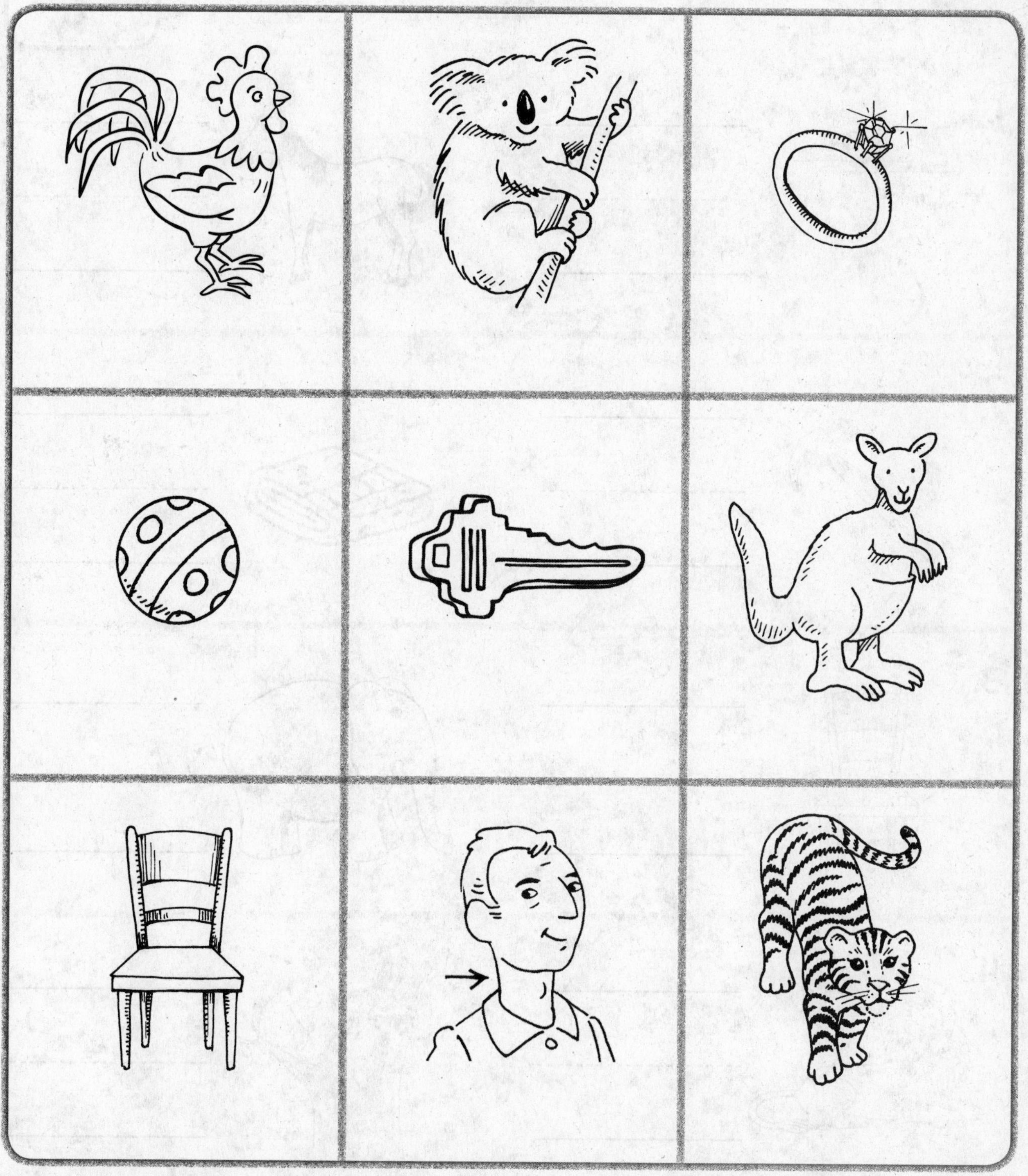

Reconocimiento fonológico: /y/
Di el nombre de cada dibujo. Pon una ficha sobre los dibujos cuyo nombre incluye el sonido /y/.

Nombre ____________________

1.

2.

3.

4.

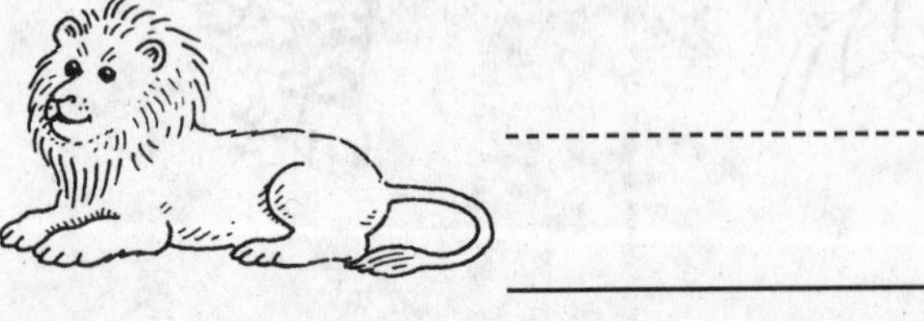

Fonética: /y/ y *ll*
Di el nombre de cada dibujo. Escribe *ll* al lado de los dibujos cuyo nombre incluye el sonido /y/.

Nombre ____________________

1.

2.

3.

Comprensión: Conexiones en el texto
Describe cada animal. Encierra en un círculo las partes del cuerpo que son parecidas en los animales de cada fila. Luego, comenta a un compañero o una compañera en qué se diferencian.

Nombre ______________________

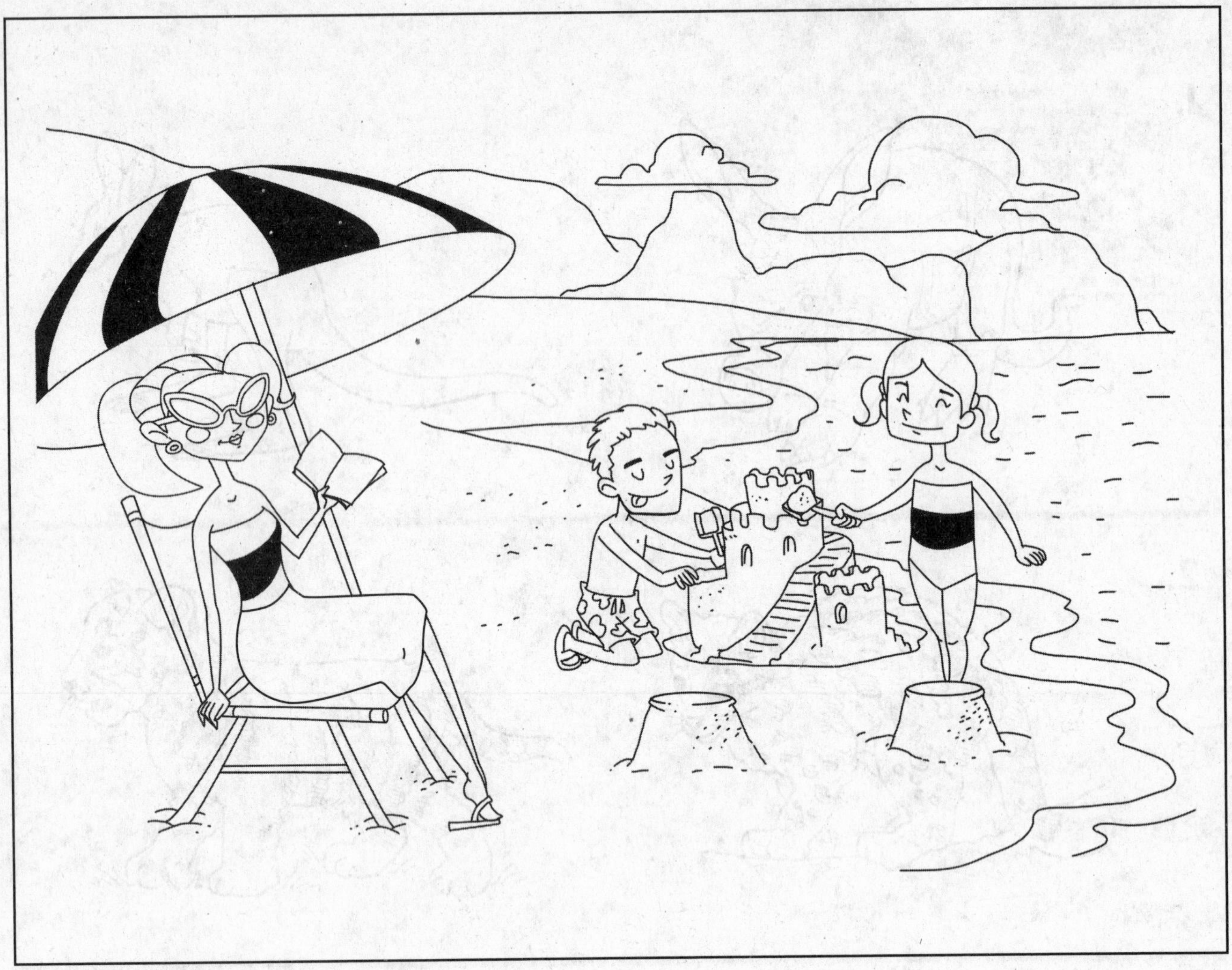

ll

Fonética: /y/ y *ll*
Di el nombre de las cosas que ves en el dibujo. Encierra en un círculo los objetos cuyo nombre tiene el sonido /y/. Escribe *ll*.

Nombre ____________________

La mamá echa a la polilla.

Tapa a su pollito bebé.

Palabras de uso frecuente: ***tengo, muy***
Lee el libro a tu compañero o compañera.
Vuelve a leerlo para desarrollar fluidez.

El pollito y la polilla

Tengo un pollito bonito.

Ella es su mamá.

La mamá es muy mimosa.

El pollito es su bebé.

¡Vino una polilla!

El pollito llama a mamá.

Nombre ____

1.

2.

3.

Categoría de palabras: Partes del cuerpo de los animales

Nombra cada animal. Señala las orejas, los ojos y las patas de dos de los animales.

1. Pon una ficha sobre los animales que tienen alas.
2. Pon una ficha sobre los animales que tienen pelo.
3. Pon una ficha sobre los animales que tienen cola.

Nombre ____________________

1. 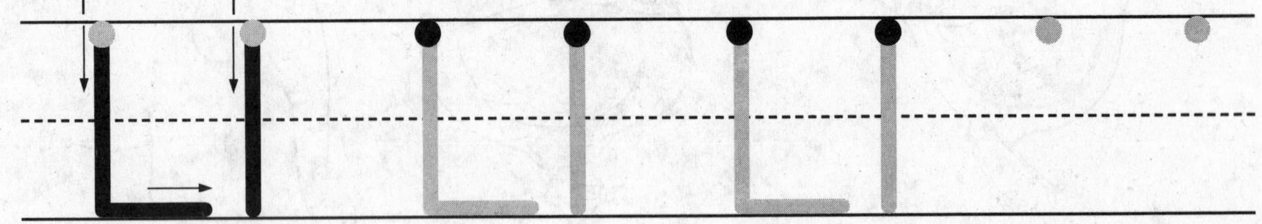

2. 

3. 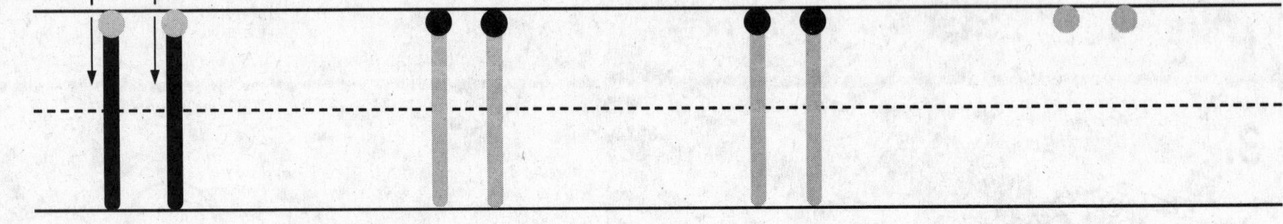

4. 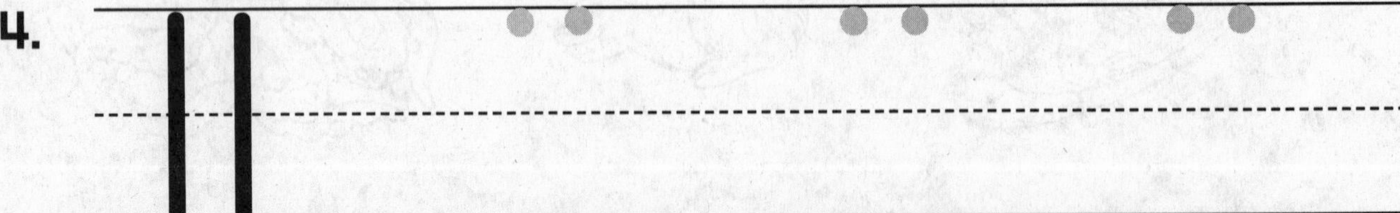

Caligrafía: *Ll* y *ll*
Traza y escribe *Ll*. Luego, traza y escribe *ll*.

Nombre ____________________

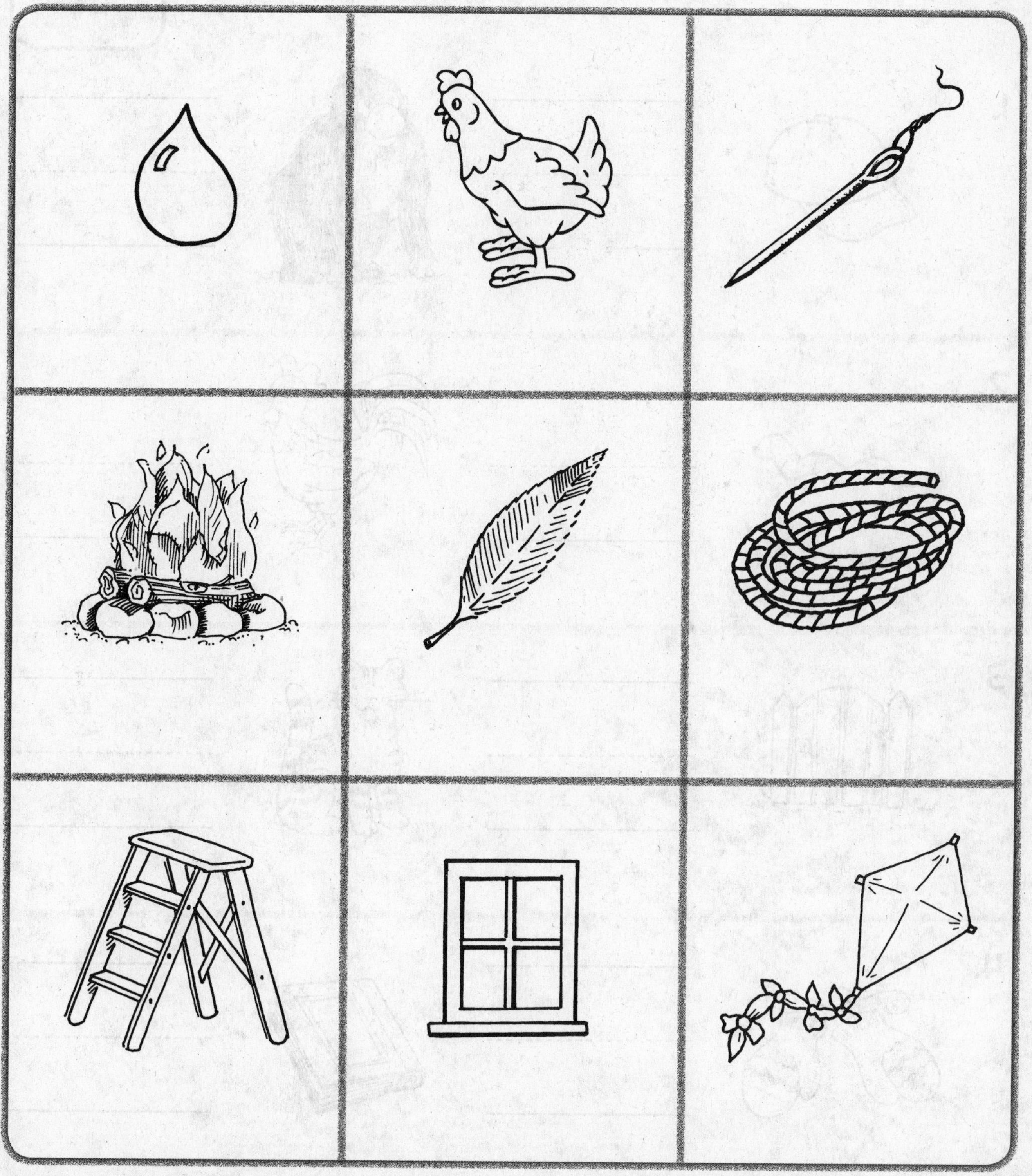

Reconocimiento fonológico: /g/
Di el nombre de cada dibujo. Pon una ficha sobre los dibujos cuyo nombre incluye el sonido /g/.

Nombre ______________________

1.  

2. 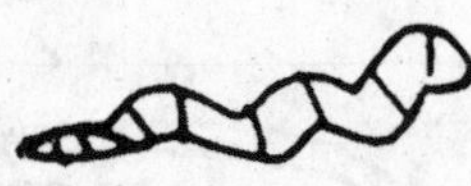 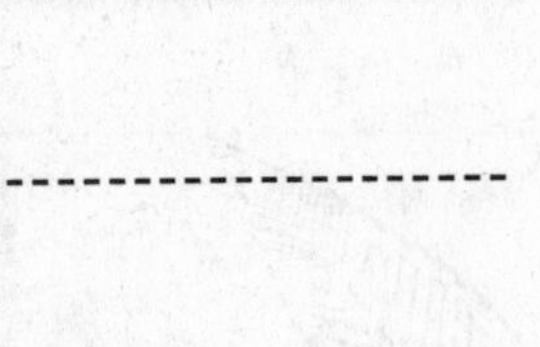 

3.  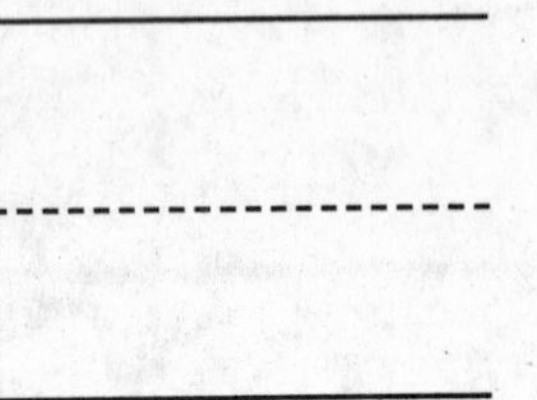 

4. 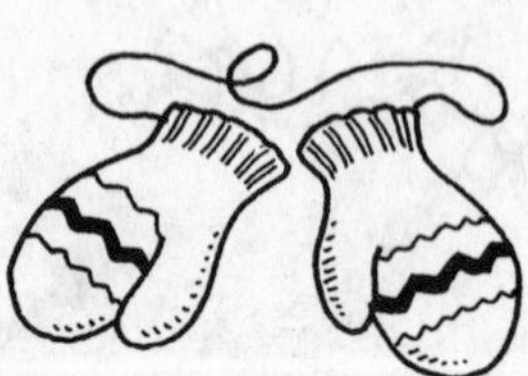 

Fonética: /g/ y *g*
Di el nombre de cada dibujo. Escribe la letra *g* al lado de los dibujos cuyo nombre comienza con el sonido /g/.

Nombre ____

1.

2.

3.

Comprensión: Personaje, ambiente, trama

1. Encierra en un círculo el personaje que aparece en *El zoo de Joaquín.*
2. Encierra en un círculo el ambiente del cuento.
3. Encierra en un círculo al protagonista en el ambiente del cuento.

Nombre ______________________

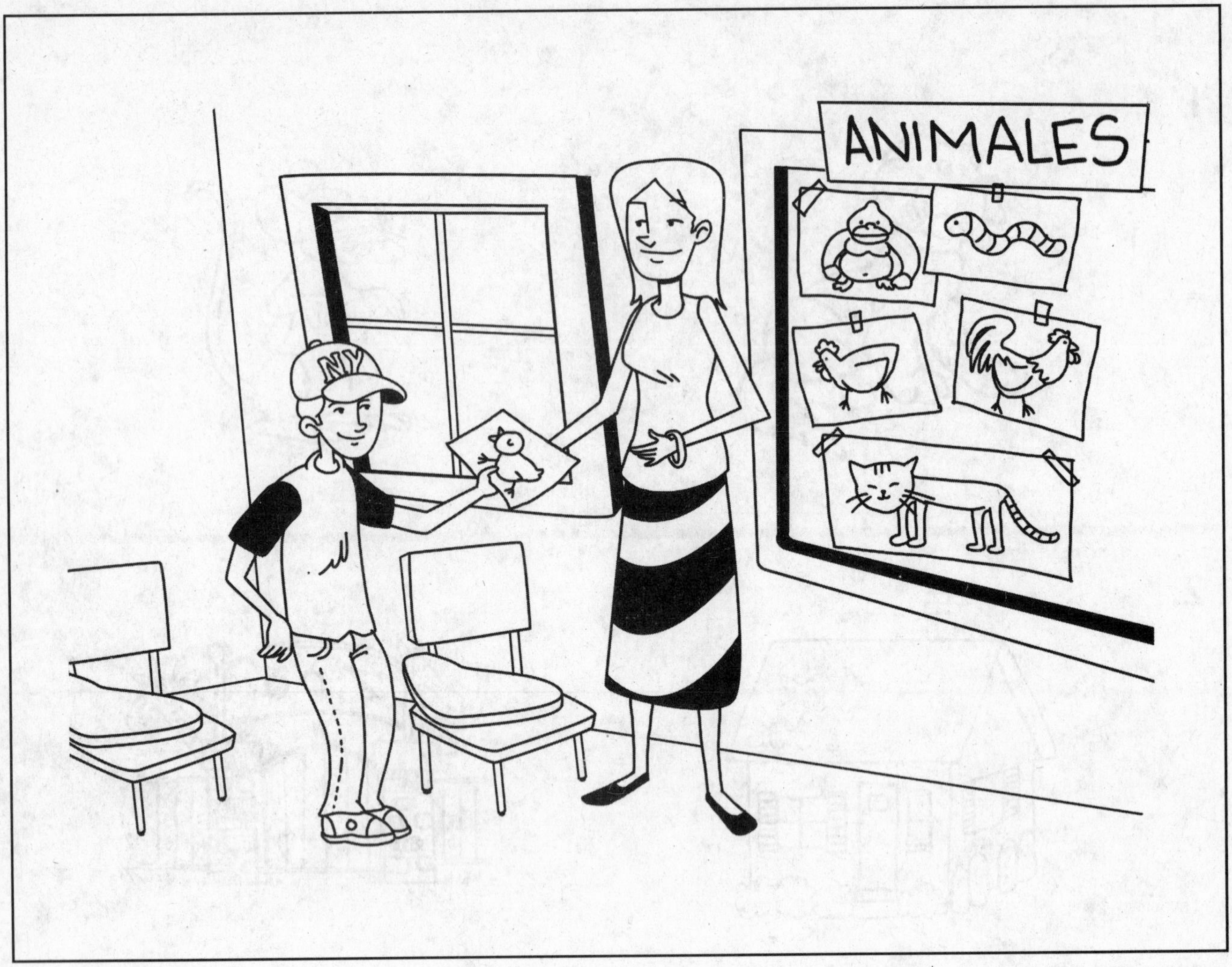

g

Fonética: /g/ y *g*
Di el nombre de las cosas que ves en el dibujo. Encierra en un círculo los objetos cuyo nombre incluye el sonido /g/. Escribe *g*.

Nombre ______________________________

¡Mira al perro y al gato!

¿Quién ganó?

Palabras de uso frecuente: ***al, quién***
Lee el libro a tu compañero o compañera.
Vuelve a leerlo para desarrollar fluidez.

Perro y gato

El perro jala y el gato jala.

¿Quién gana?

El gato se fatigó.

Se echa al sol.

El perro mima al gato.

¡El gato es su amigo!

Nombre ______________________________

1.

2.

3.

Categoría de palabras: Animales

1. Pon una ficha de un color sobre los animales que vuelan.
2. Pon una ficha de otro color sobre los animales que caminan.
3. Pon una ficha de otro color sobre los animales que viven en el agua.

Nombre ______________________________

1. 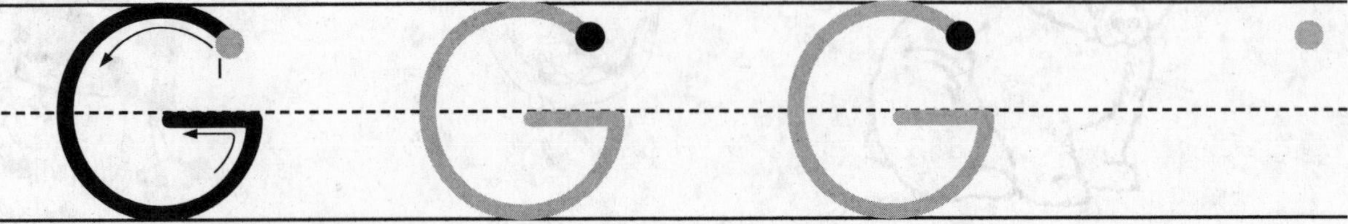

2.

3.

4. 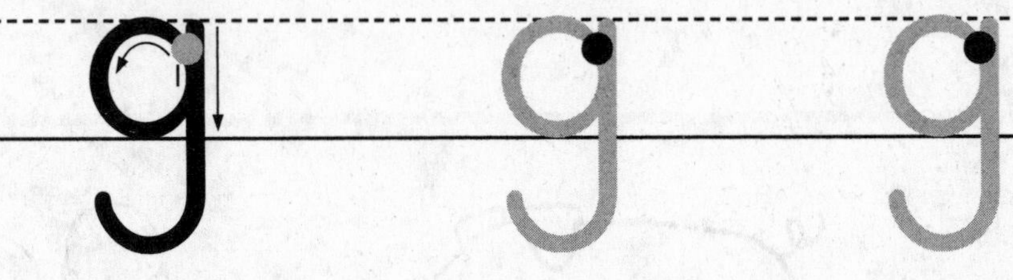

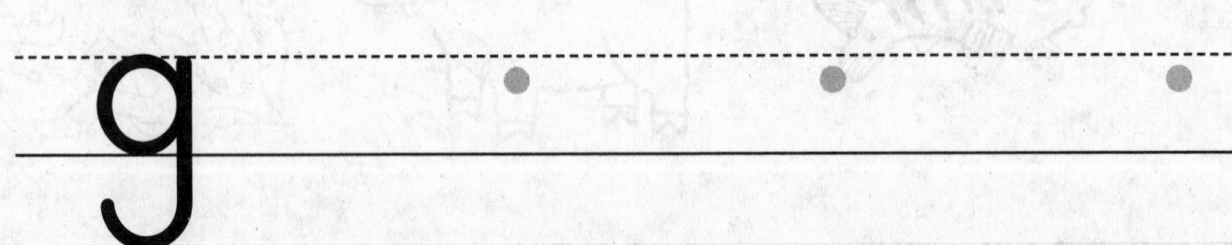

Caligrafía: ***G* y *g***
Traza y escribe la letra *G*. Luego, traza y escribe la letra *g*.

Nombre ______________________________

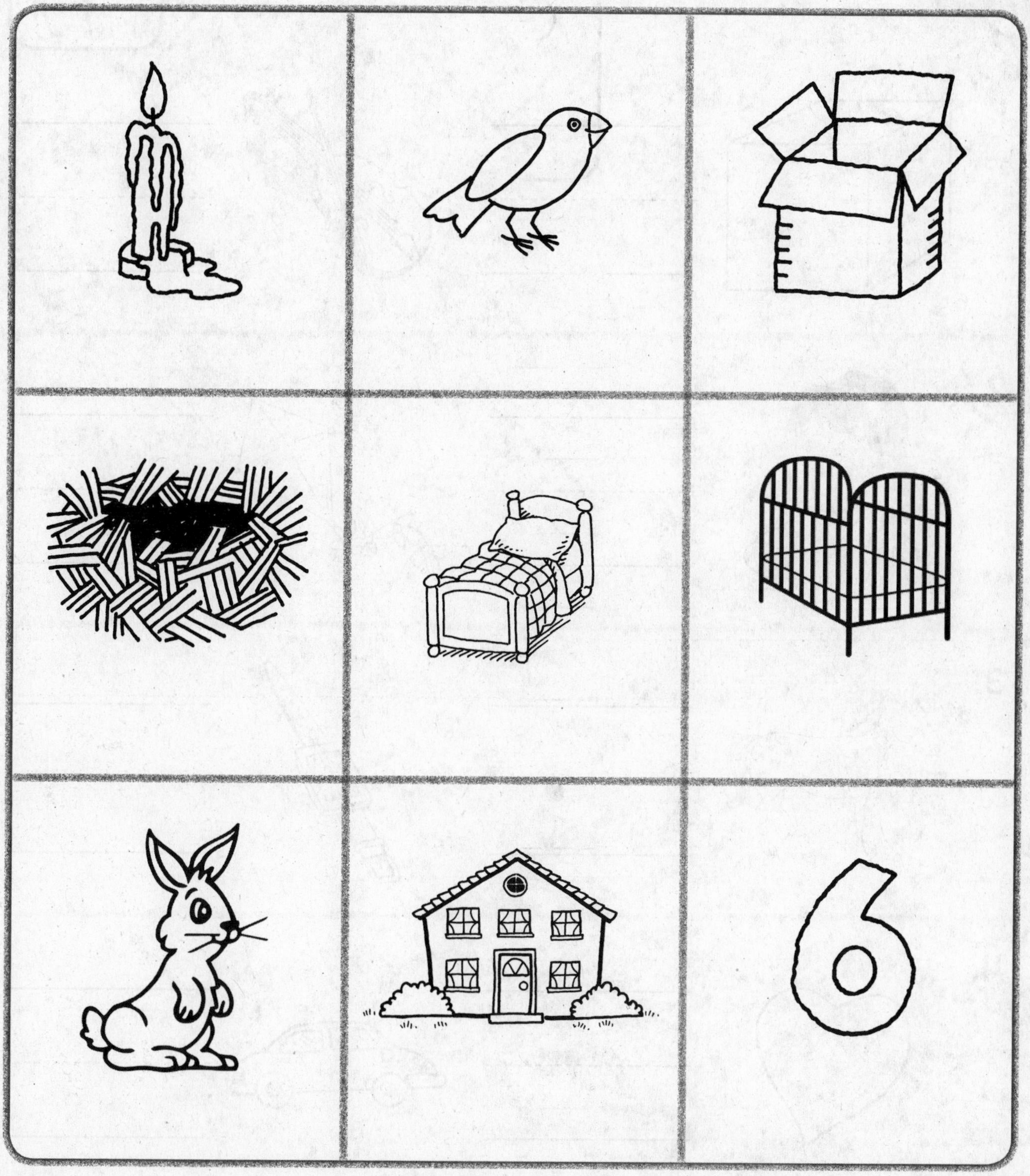

Reconocimiento fonológico: /k/
Di el nombre de cada dibujo. Pon una ficha sobre los dibujos cuyo nombre incluye el sonido /k/.

Nombre ______________________

1. 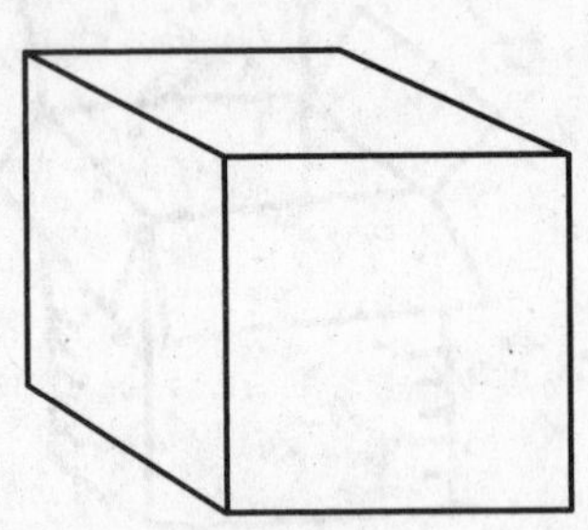 c 

2.  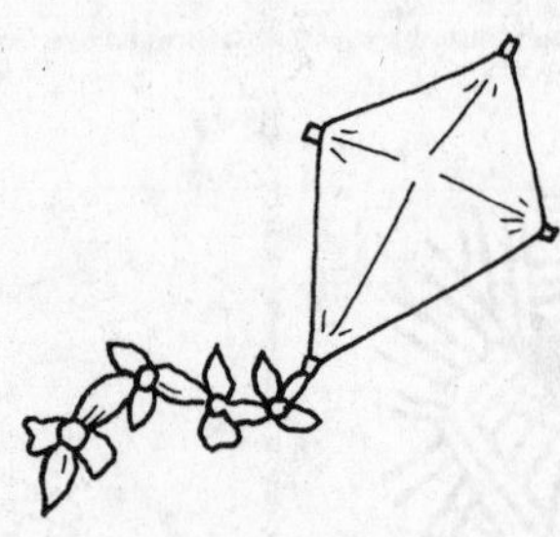

3.  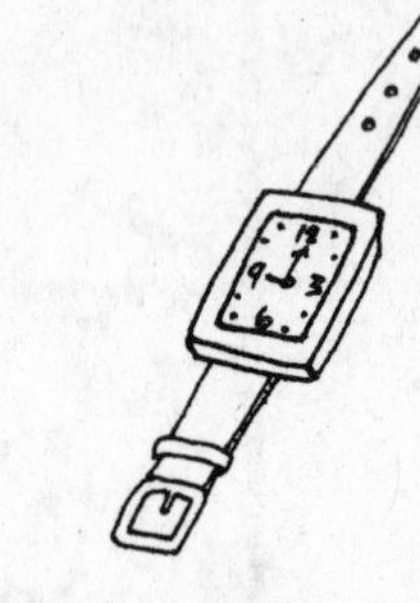

4.  

Fonética: /k/ y c
Di el nombre de cada dibujo. Escribe la letra c al lado de los dibujos cuyo nombre comienza con el sonido /k/.

Nombre ____________________

1.

2.

3.

Comprensión: Personaje, ambiente, trama

1. Encierra en un círculo el dibujo de un personaje de *El viaje*.
2. Encierra en un círculo el dibujo del ambiente del cuento.
3. Encierra en un círculo el dibujo que muestra lo que pasó con la maleta.

Escribe

Nombre ______________________

c

Fonética: /k/ y c
Di el nombre de las cosas que ves en el dibujo. Encierra en un círculo los objetos cuyo nombre comienza con /k/. Escribe la letra c.

Nombre ______________________

La rana está en la roca.

¡La laguna es una casa!

Palabras de uso frecuente: ***dónde, está***
Lee el libro a tu compañero o compañera.
Vuelve a leerlo para desarrollar fluidez.

Todos en casa

¿Dónde está el caballo?

Bebe en la laguna.

¿Dónde está la cotorra?

Está en la copa.

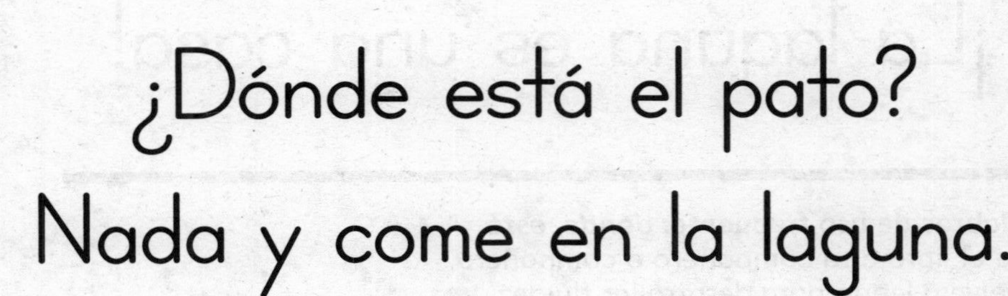

¿Dónde está el pato?

Nada y come en la laguna.

Nombre ______________________________

I.

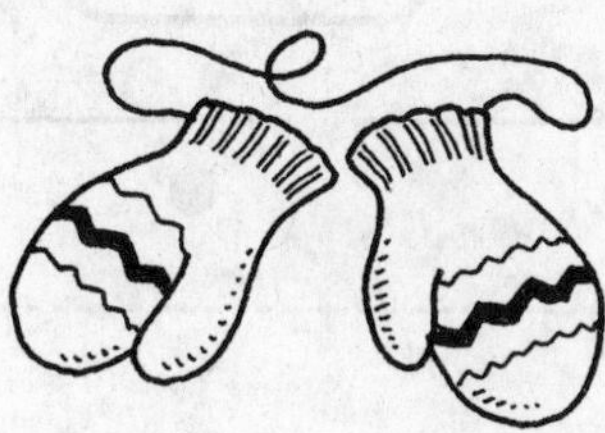

2.

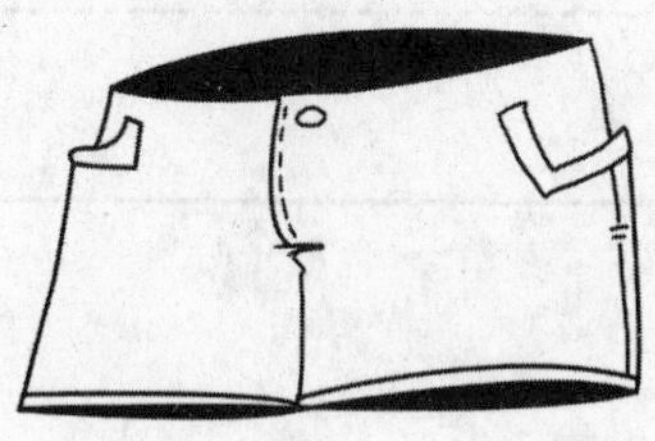

3.

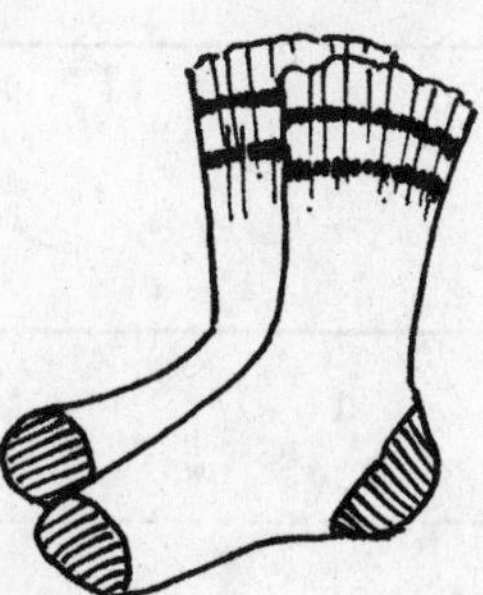

Categoría de palabras: Ropa

I. Pon una ficha de un color sobre la ropa que usas en verano.
2. Pon una ficha de otro color sobre la ropa que usas en invierno.
3. Pon una ficha de otro color sobre la ropa que usas en cualquier momento del año.

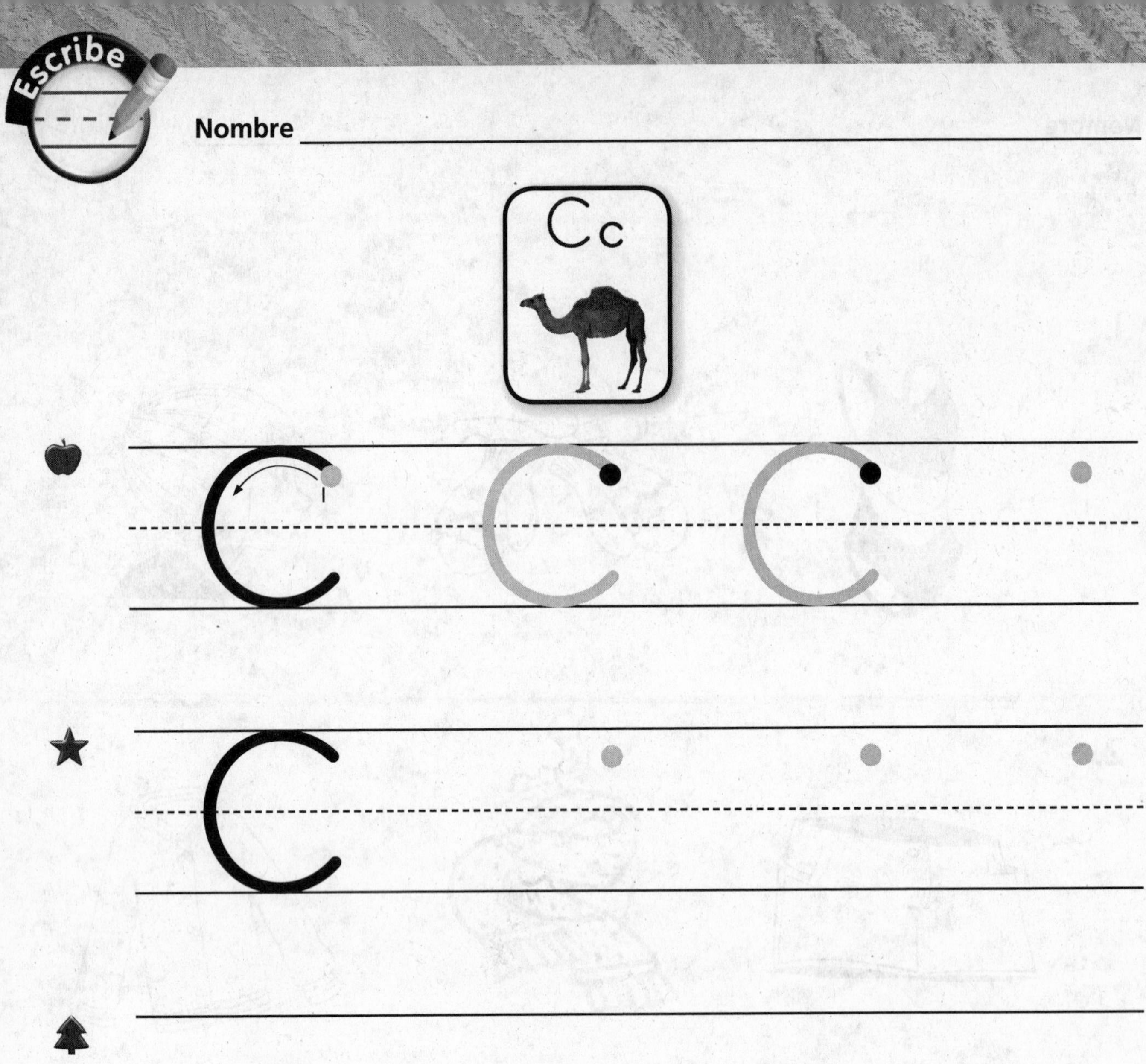

Caligrafía: *C* y *c*
Traza y escribe la letra *C*. Luego, traza y escribe la letra *c*.

Nombre ____

Reconocimiento fonológico: /k/
Di el nombre de cada dibujo. Pon una ficha sobre los dibujos cuyo nombre incluye el sonido /k/.

Nombre ____________________

1. 15 q

2.

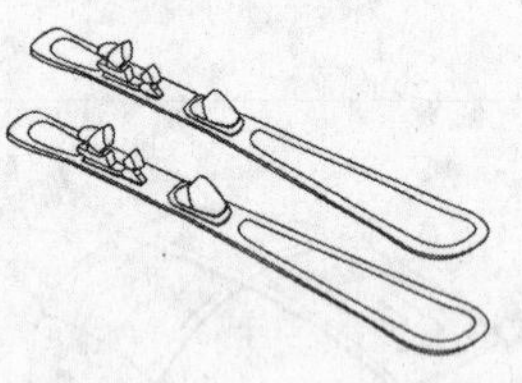

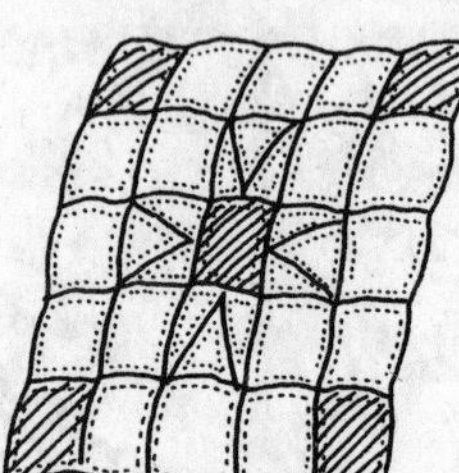

3.

4.

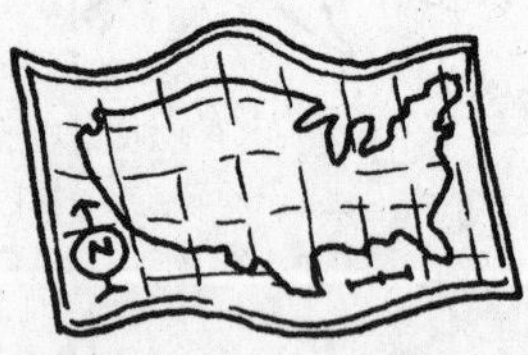

Fonética: /k/ y *q*
Di el nombre de cada dibujo. Escribe *q* al lado de los dibujos cuyo nombre incluye el sonido /k/.

Nombre ____

I.

2.

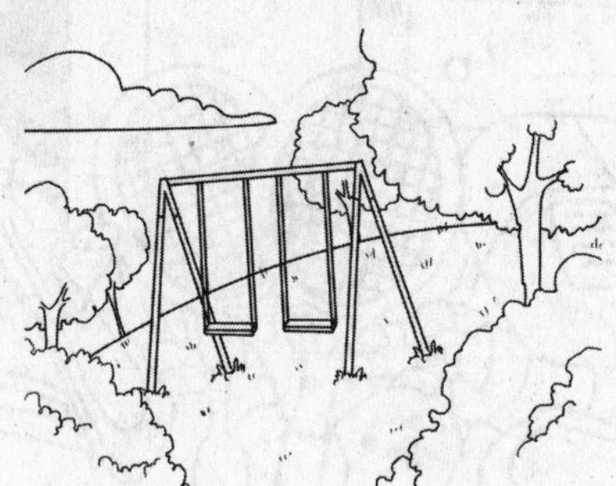

3.

Comprensión: Personaje, ambiente, trama
Mira los dibujos sobre *La familia Numerozzi*.

1. Encierra en un círculo el personaje que está por tomar un baño.
2. Encierra en un círculo el ambiente en el que aparece el Sr. Numerozzi la mayor parte del tiempo.
3. Encierra en un círculo el vehículo que no arranca al final del cuento.

Escribe

Nombre ____________________

q

Fonética: /k/ y *q*

Di el nombre de las cosas que ves en el dibujo. Encierra en un círculo los objetos cuyo nombre incluye el sonido /k/. Escribe la letra *q*.

Nombre ____________________

—¡Sami! ¡Paquita! —dice mamá.

—¡A la mesa! —dice papá.

Palabras de uso frecuente: ***dice, vamos***
Lee el libro a tu compañero o compañera.
Vuelve a leerlo para desarrollar fluidez.

Vamos al Polo

—Este es mi buque.

—¿Vamos al Polo?

¡Qué bonito buque!

Navega al Polo.

—¿Qué es aquello?

—¿Es una mesa en el Polo?

Nombre ______________________________

1.

2.

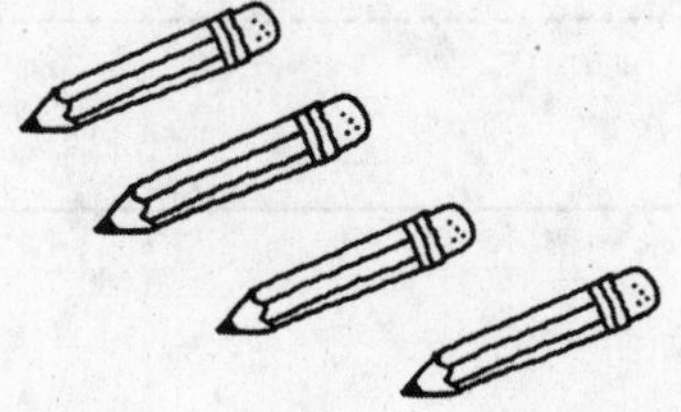

3.

Categoría de palabras: Números

Mira los dibujos de cada fila. Di cuántos objetos ves en cada dibujo.

1. Pon una ficha sobre el dibujo de la primera fila que representa tres.
2. Pon una ficha sobre el dibujo de la segunda fila que representa dos.
3. Pon una ficha sobre el dibujo de la primera fila que representa cinco.

Nombre ______________________________

1.

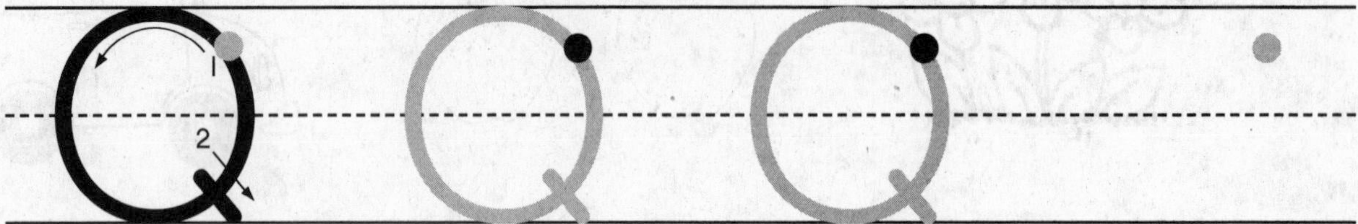

2.

3.

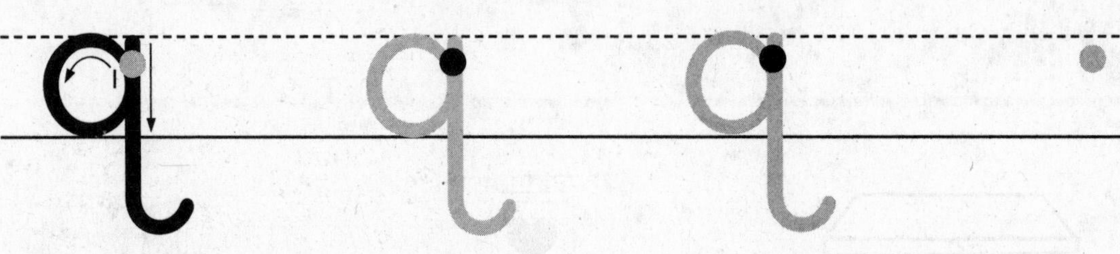

4.

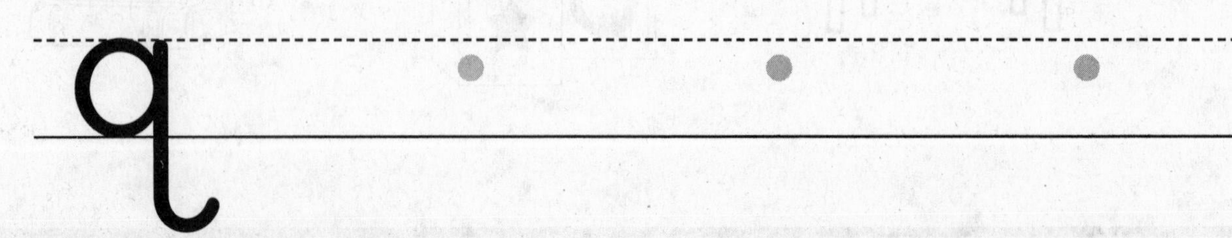

Caligrafía: *Q* y *q*

Traza y escribe la letra *Q*. Luego, traza y escribe la letra *q*.

Nombre ___________________________________

O

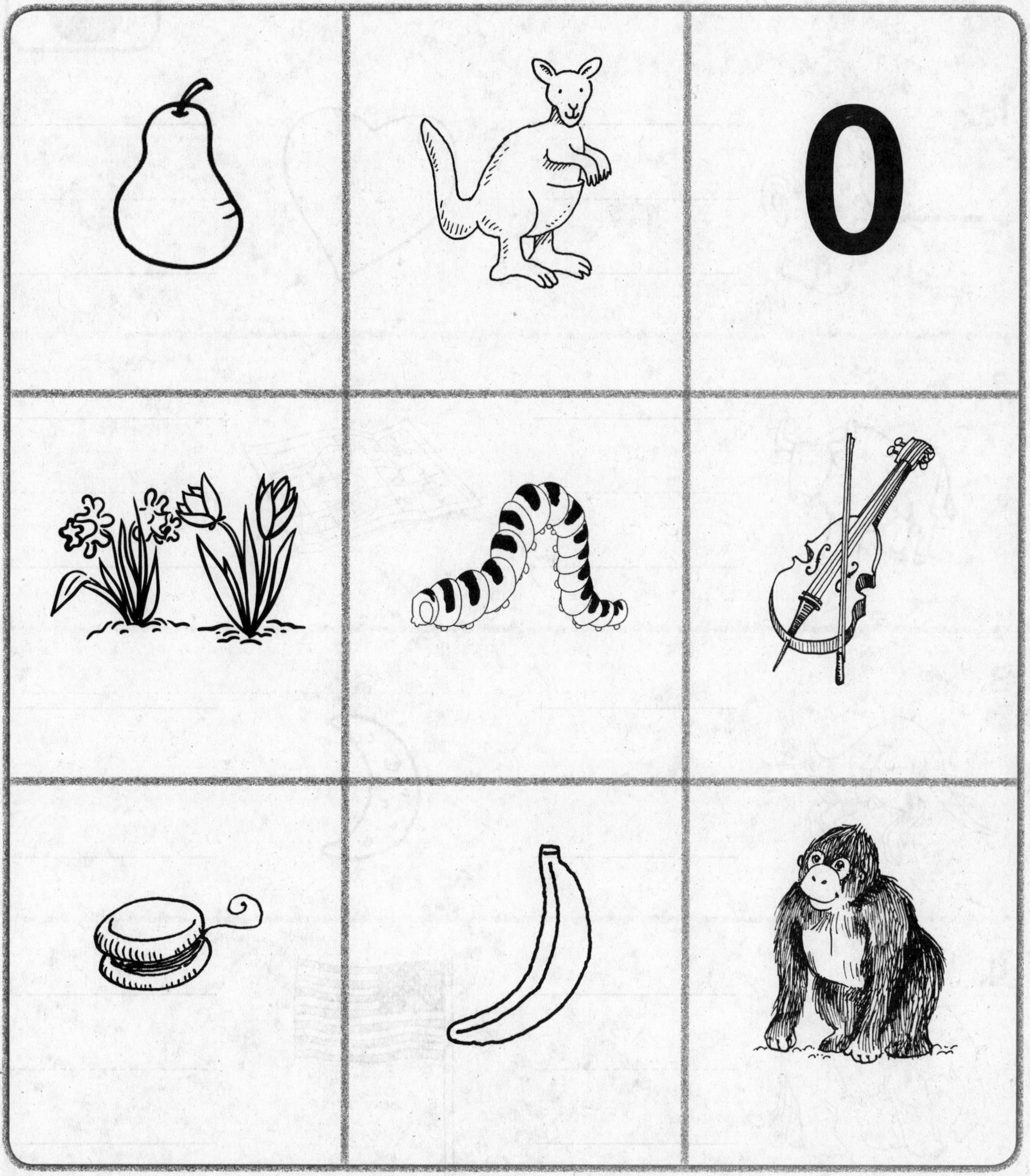

Reconocimiento fonológico: /r/
Di el nombre de cada dibujo. Pon una ficha sobre los dibujos cuyo nombre incluye el sonido /r/.

Escribe

Nombre

Rr

I.

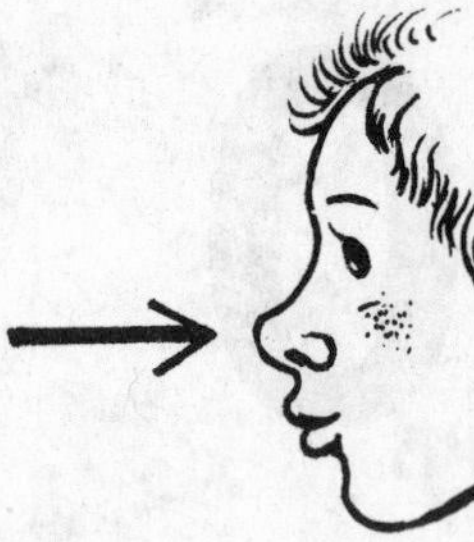

r

2.

3.

4.

Fonética: /r/ y *r*
Di el nombre de cada dibujo. Escribe la letra *r* al lado de los dibujos cuyo nombre incluye el sonido /r/.

Nombre ______________________________

1.

2.

3.

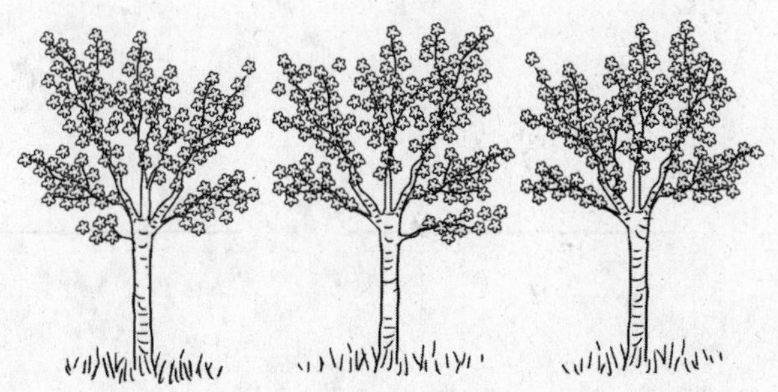

Comprensión: Tema principal y detalles clave
Mira los dibujos sobre *Ana va a Washington, D.C.* Encierra en un círculo los dibujos en los que se muestra un detalle clave sobre el tema principal de la selección. Comenta a tu compañero o compañera por qué encerraste en un círculo cada dibujo.

Nombre ____________________

____________________ ____________________ ____________________ ____________________

Fonética: /r/ y *r*
Di el nombre de las cosas que ves en el dibujo. Encierra en un círculo los objetos cuyo nombre incluye el sonido /r/. Escribe la letra *r*.

Nombre ______________________

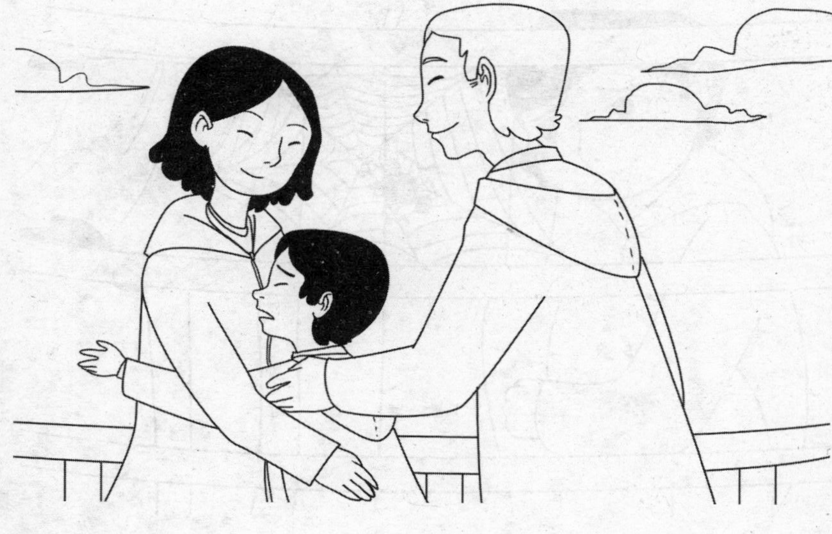

¡Yo soy pequeño!

Palabras de uso frecuente: ***grande, pequeño***
Lee el libro a tu compañero o compañera.
Vuelve a leerlo para desarrollar fluidez.

De paseo

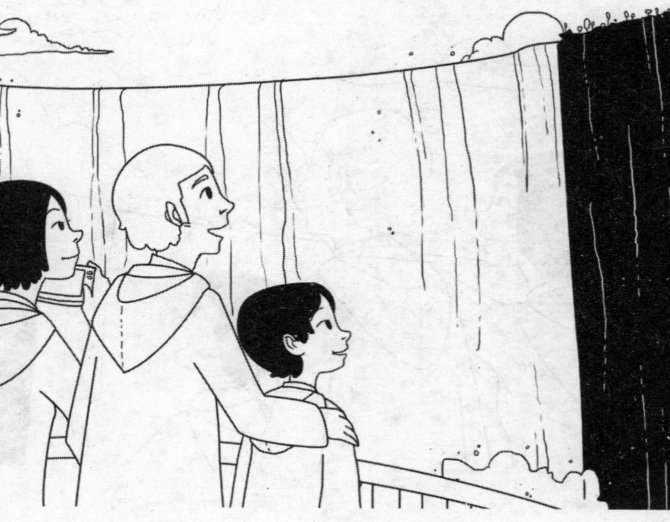

Papá mira la catarata.
La catarata es grande.

Mamá mira el ave.

El ave es grande.

Yo miro la araña.

La araña es grande.

Nombre ______________________________

1.

2.

3.

Categoría de palabras: Números ordinales

1. Pon una ficha sobre el niño o la niña que está en el segundo lugar.
2. Pon una ficha sobre el vehículo que está en el quinto lugar.
3. Pon una ficha sobre el pájaro que está en el primer lugar.

Comenta a tu compañero o compañera por qué pusiste las fichas ahí. Usa las palabras *primero, segundo, tercero, cuarto* o *quinto*.

Nombre ____________________

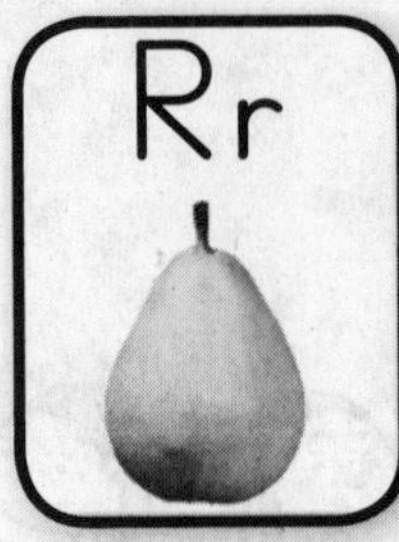

1. 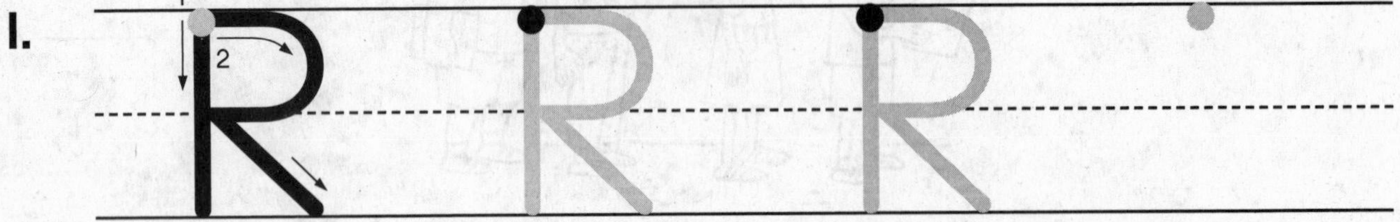

2. 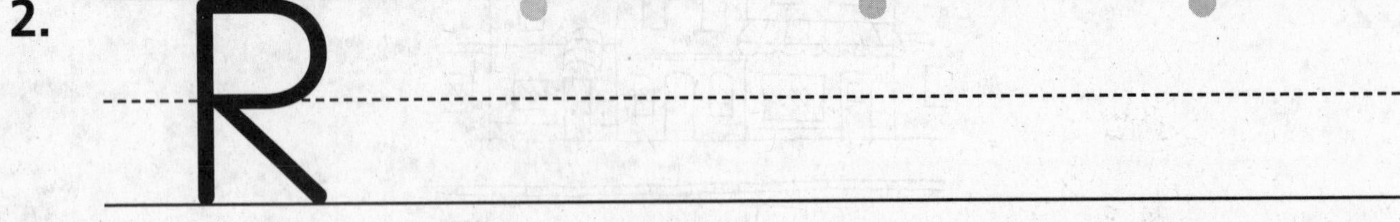

3. 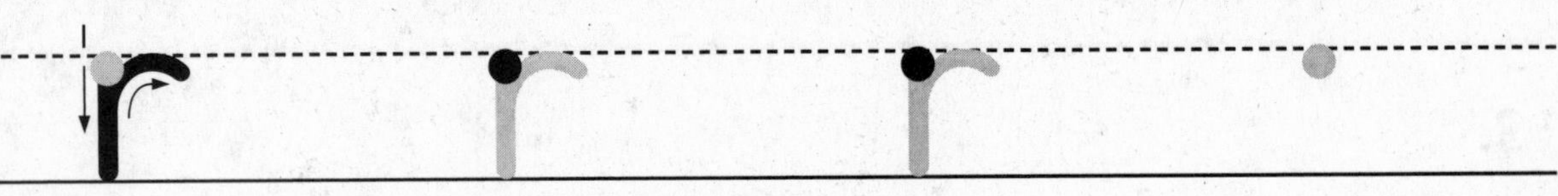

4. 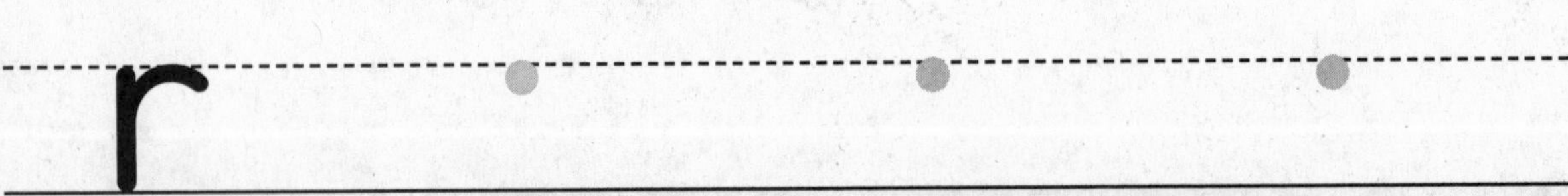

Caligrafía: ***R*** **y** ***r***
Traza y escribe la letra *R*. Luego, traza y escribe la letra *r*.

Nombre ____________________

1.  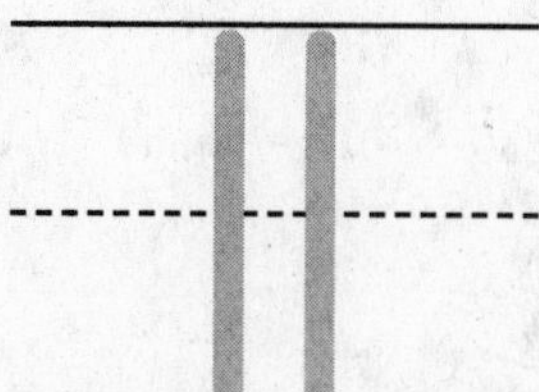

2.  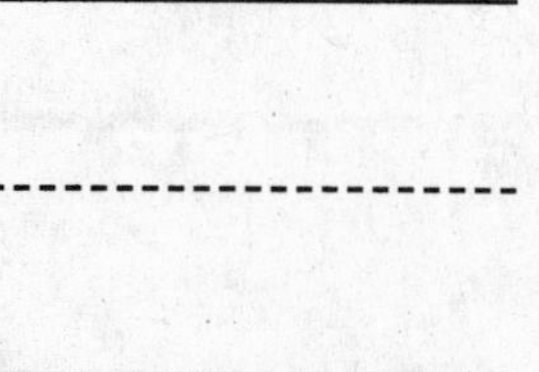  

3. 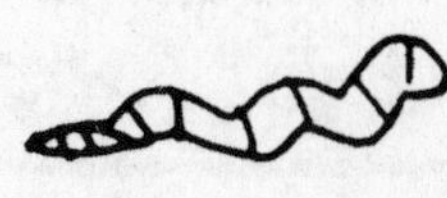  

4. 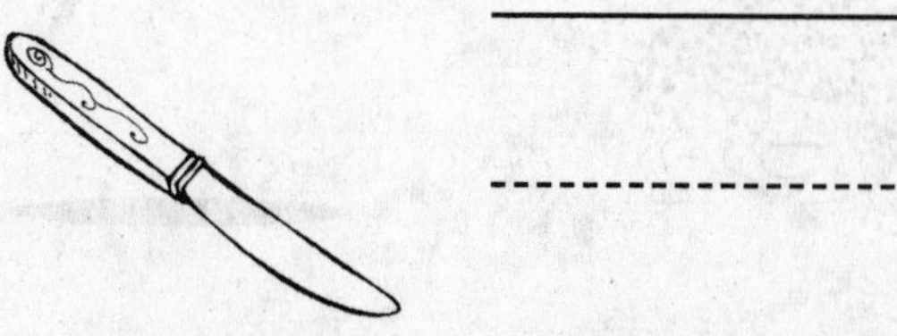 

Repaso de fonética: /y/ y *ll*, /g/ y *g*, /k/ y *c*
Di el nombre de cada dibujo. Escribe *ll*, *g* o *c* al lado de los dibujos cuyo nombre comienza con el sonido /y/, /g/ o /k/.

Nombre ______________________________

1.

2.

3.

Comprensión: Personaje, ambiente, trama

1. Encierra en un círculo el dibujo del personaje que quiere la Luna.
2. Encierra en un círculo el dibujo del ambiente donde aparecen Conejo y Jaguar.
3. Encierra en un círculo el dibujo en el que se muestra cómo Jaguar trató de atrapar a la Luna.

Nombre ____

Juego de repaso de fonética: /y/ y *ll*, /g/ y *g*, /k/ y *c*, /k/ y *q*, /r/ y *r*
Recorta los dibujos por la línea de puntos. Di el nombre de cada dibujo. ¿Tiene el sonido /y/, /g/, /k/ o /r/? Da vuelta el papel y traza la letra que representa ese sonido. Luego, forma pares con las palabras que tienen el mismo sonido y la misma letra.

Escribe

Nombre ____________________

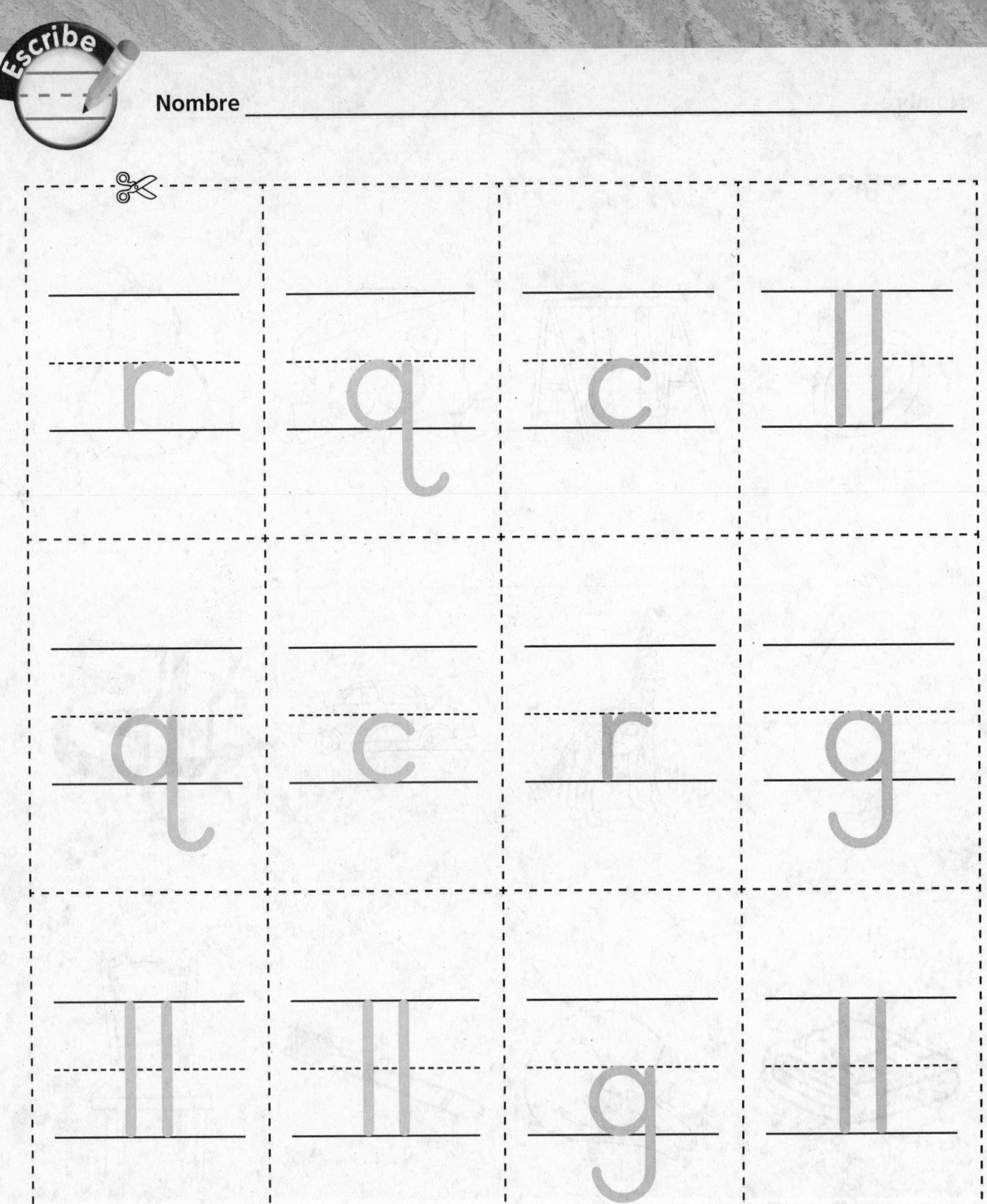

Juego de repaso de fonética: /y/ y *ll*, /g/ y *g*, /k/ y *c*, /k/ y *q*, /r/ y *r*
Traza las letras. Di el sonido que corresponde a esa letra.

Nombre ______________________________

—¿Quién es? —dice Quico.

—¡Es tu cara! —dice Lara.

Palabras de uso frecuente: ***tengo, muy, al, quién, dónde, está, dice, vamos, grande, pequeño***
Lee el libro a tu compañero o compañera.
Vuelve a leerlo para desarrollar fluidez.

Cara de nube

—El día está muy bello.

—Tengo una idea.

—¡Vamos al sol!

—¿Dónde? ¿Aquí?

—¡Un gallo grande!

—¡Un pollito pequeño!

Nombre ____

1.

2.

3.

Categoría de palabras: Opuestos
Halla los dos opuestos de cada fila. Di las palabras opuestas. Pon una ficha sobre esos dibujos. Comenta por qué son opuestos.

Escribe

Nombre ______________________

1.

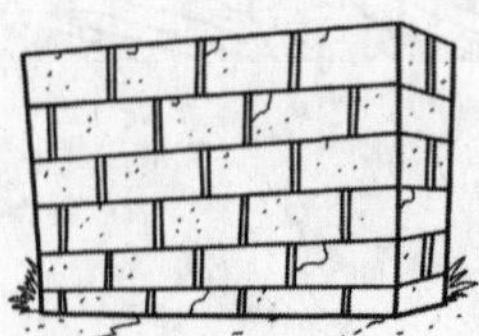

2.

3.

Repaso de fonética: /y/ y *ll*, /g/ y *g*, /k/ y *c*, /k/ y *q*, /r/ y *r*
Mira los dibujos de cada fila. Di el nombre de cada dibujo. ¿Tienen el sonido /y/, /g/, /k/ o /r/? Encierra en un círculo los dibujos de la fila que comparten uno de esos sonidos. Escribe la letra que corresponde a ese sonido.

Nombre ______________________________

queso cara llama

1.

llama

2.

cara

3.

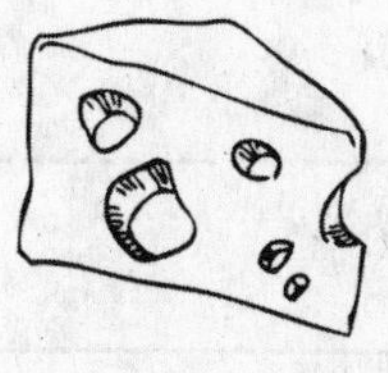

queso

Repaso de fonética: /y/ y *ll*, /g/ y *g*, /k/ y *c*, /k/ y *q*, /r/ y *r*
Combina los sonidos para leer la palabra. Escribe la palabra junto al dibujo que la representa.

Nombre ______________________________

1\.

gallo

2\.

pera

3\.

codo

Repaso de caligrafía
Lee las palabras en voz alta. Escríbelas sobre la línea.

Nombre ____

zoológico

Reconocimiento fonológico: /s/
Di el nombre de cada dibujo. Pon una ficha sobre los dibujos cuyo nombre incluye el sonido /s/ de *z*.

Nombre ____________________

1. 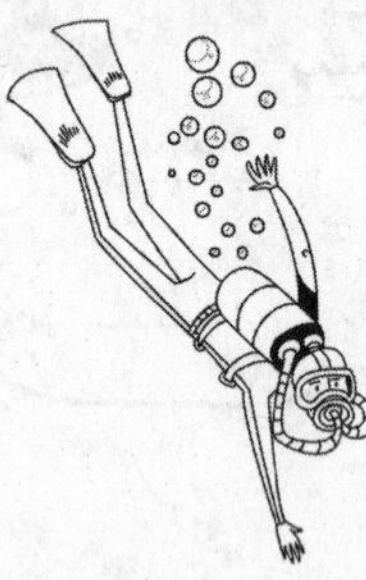

bu zo

2. 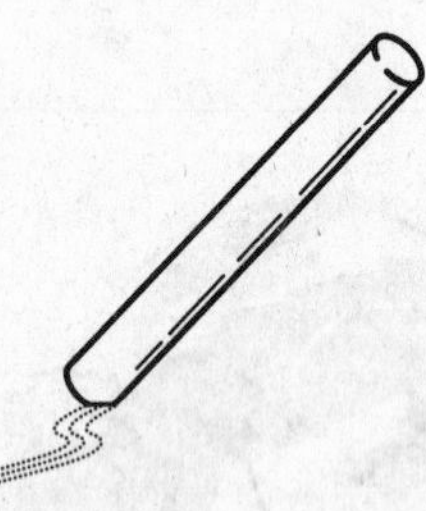

ti ____

3. 

____ rro

4. 

ta ____

Fonética: /s/ y *z*
Mira el dibujo de cada fila. Di el nombre de cada dibujo. Escribe la sílaba que falta.

Nombre ______________________________

1.

2.

3.

Comprensión: Personaje, ambiente, trama

1. Encierra en un círculo el dibujo del personaje principal de *Yosolita.*
2. Encierra en un círculo el dibujo que muestra el ambiente del cuento.
3. Encierra en un círculo el dibujo en el que se muestra qué quiere aprender a hacer un personaje del cuento.

Nombre ______________________________

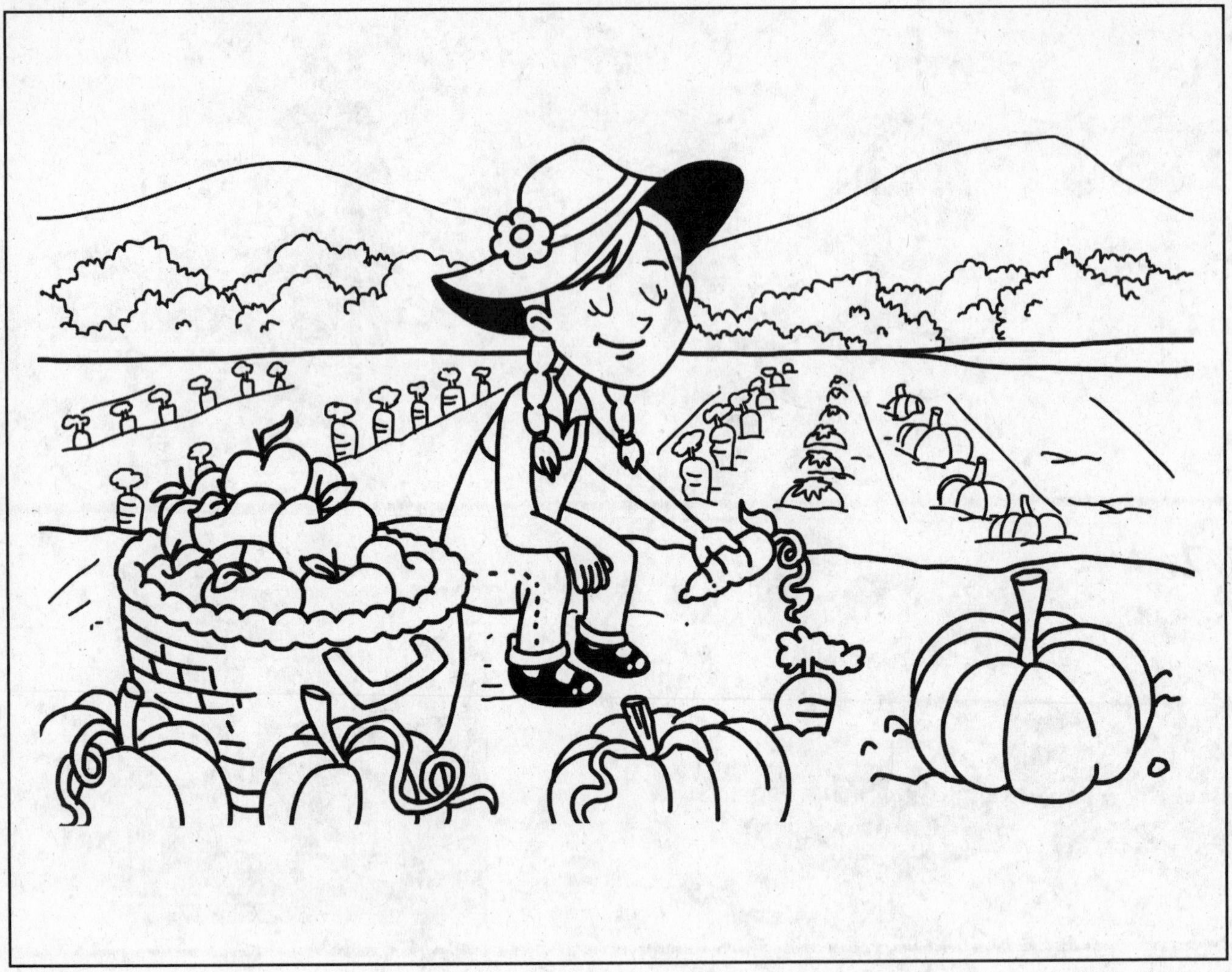

z

Fonética: /s/ y *z*
Di el nombre de las cosas que ves en el dibujo. Encierra en un círculo los objetos cuyo nombre incluye el sonido /s/ de z. Escribe la letra z.

Nombre ______________________

¡Qué belleza!

A mi familia le gusta.

Palabras de uso frecuente: ***hago, familia***
Lee el libro a tu compañero o compañera.
Vuelve a leerlo para desarrollar fluidez.

¡Qué lío!

¿Dónde está mi zapato?

¡Qué lío!

Hago la cama.
Zulema me ayuda.

La ropa va aquí.
¡Yo puedo solo!

Nombre ______________________________

I.

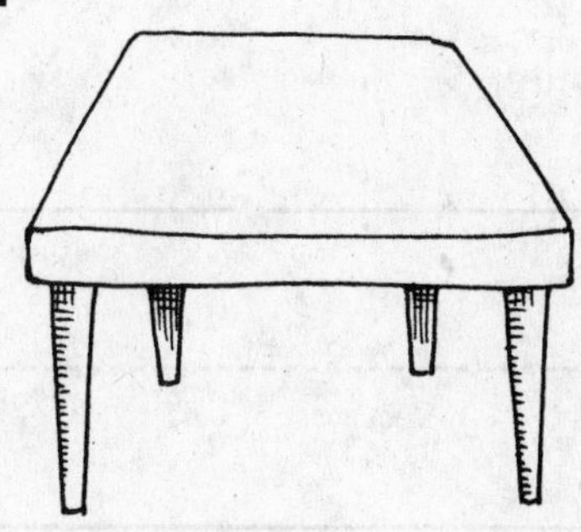

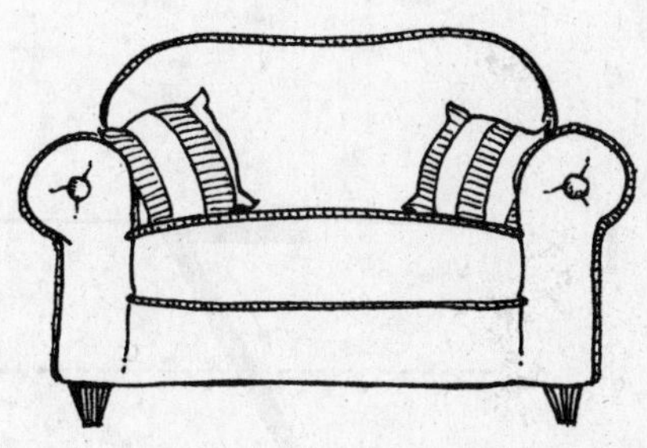

2.

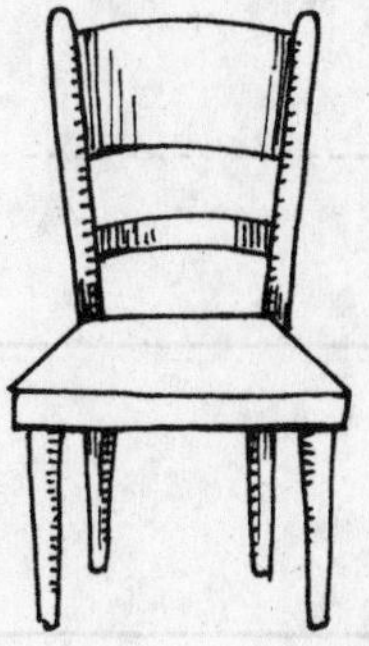

3.

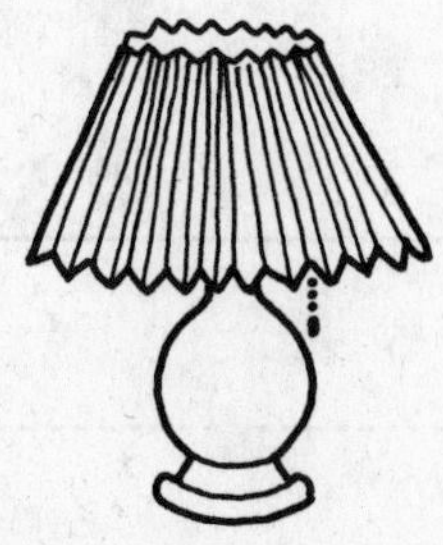

Categoría de palabras: Muebles
Pon una ficha sobre los dibujos de muebles.
Di el nombre de cada mueble y comenta cuáles hay en tu casa.

Nombre ______________________________

1. 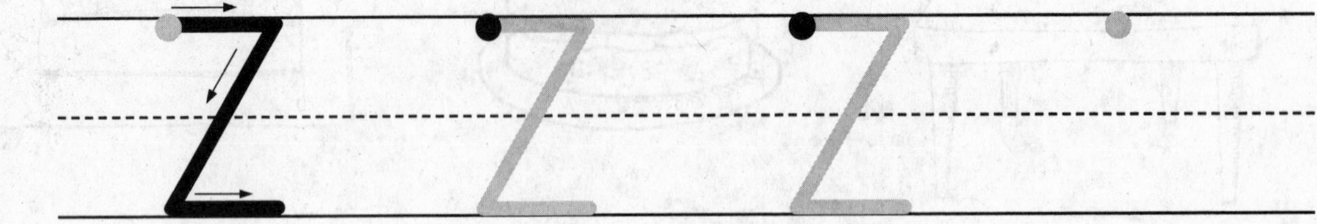

2.

3. 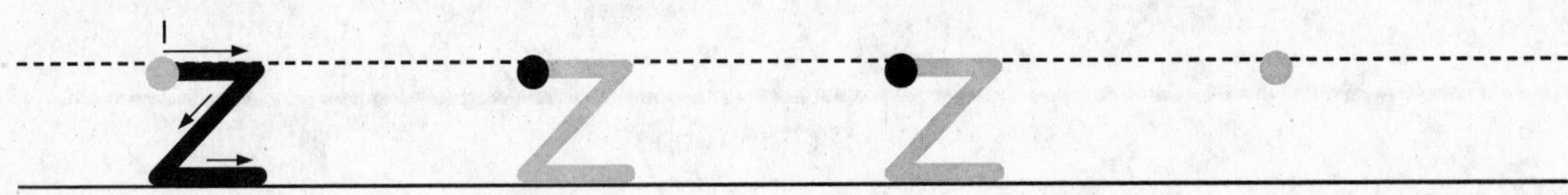

4. 

Caligrafía: ***Z*** **y** ***z***
Traza y escribe la letra *Z*. Luego, traza y escribe la letra *z*.

Nombre ____________________

Reconocimiento fonológico: /s/
Di el nombre de cada dibujo. Pon una ficha sobre los dibujos cuyo nombre incluye el sonido /s/ de *c* (*ce*, *ci*).

Nombre ______________________

Cc

1. 

ci

2. 

3. 

Fonética: /s/ y *c*
Mira el dibujo de cada fila. Di el nombre de cada dibujo. Escribe la sílaba que incluye el sonido /s/ de *c* (*ce*, *ci*).

Nombre ____

I.

2.

3.

Comprensión: Personaje, ambiente, trama

Mira los dibujos sobre *Me llamo Gabriela*.

1. Encierra en un círculo el dibujo del personaje principal.
2. Encierra en un círculo el dibujo del lugar donde trabajó Gabriela.
3. Encierra en un círculo el dibujo en el que se muestra algo que imaginaba Gabriela de pequeña.

Nombre ______________________

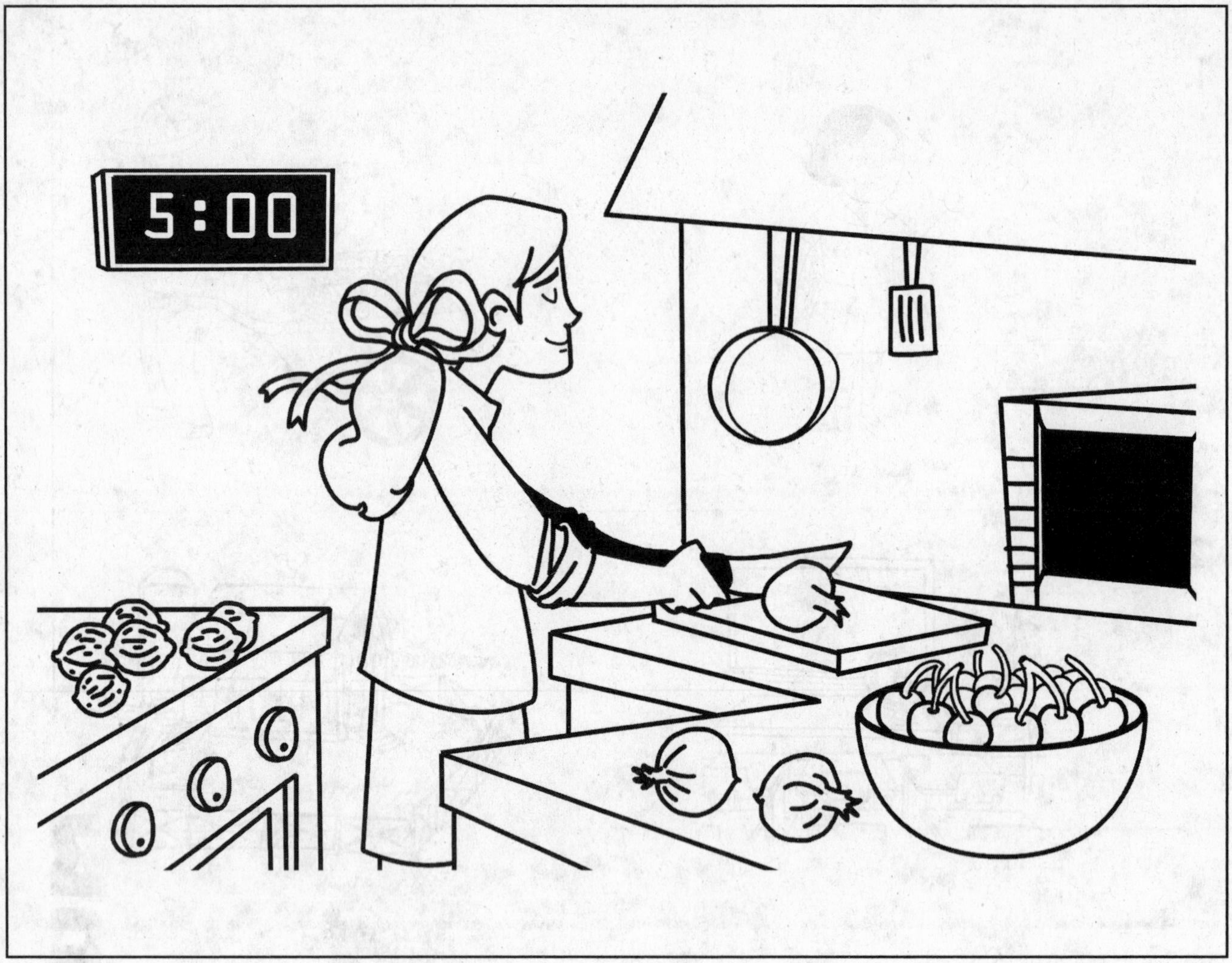

5:00

c

Fonética: /s/ y *c*
Di el nombre de las cosas que ves en el dibujo. Encierra en un círculo los objetos cuyo nombre incluye el sonido /s/ de *c* (*ce*, *ci*). Escribe la letra *c*.

Nombre ______________________________

Juego con Ceci.

¡Todo parece más bonito!

Palabras de uso frecuente: ***con, también***
Lee el libro a tu compañero o compañera.
Vuelve a leerlo para desarrollar fluidez.

Mucha basura

¿Qué sucede?

¿Y esa basura?

Ceci pone todo en el saco.

Yo también ayudo.

—Toma, Cirilo —dice Ceci.

Abu nos felicita.

Nombre ____

Categoría de palabras: Animales de la granja
Pon una ficha sobre los dibujos de animales de la granja.
Di el nombre de cada animal e imita el sonido que hace.

Escribe

Nombre ______________________________

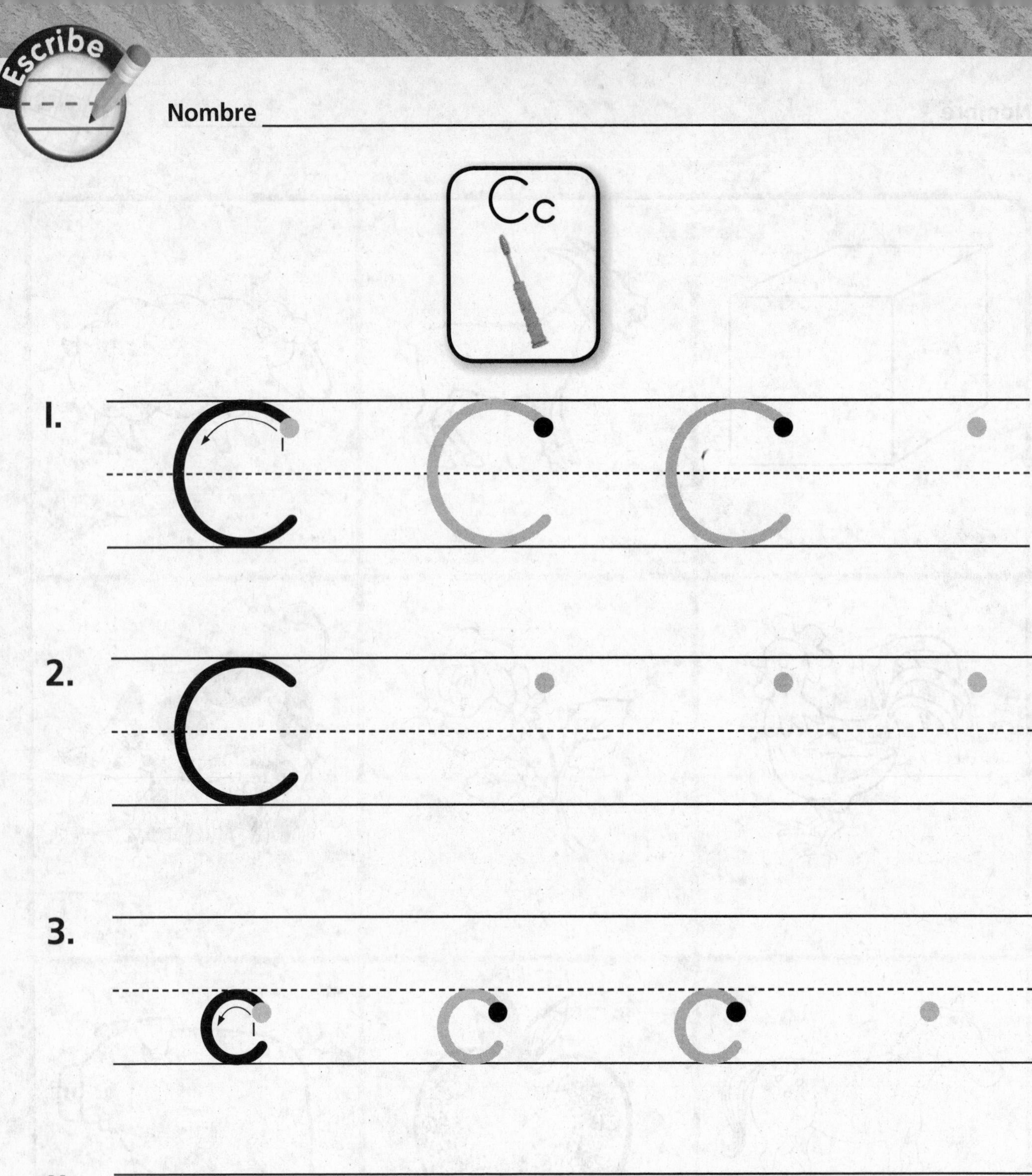

Caligrafía: *C* y *c*
Traza y escribe la letra *C*. Luego, traza y escribe la letra *c*.

Nombre ____________________

zoológico

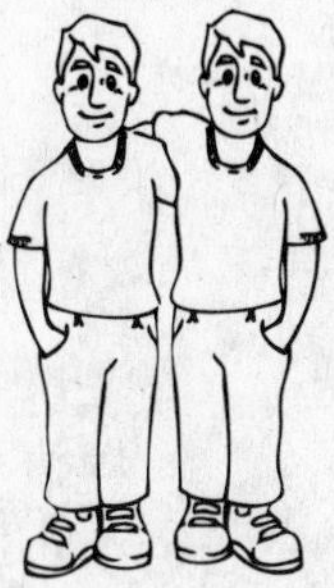

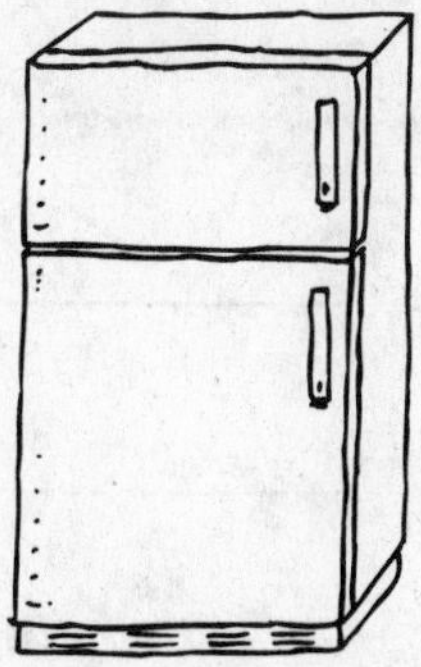

Reconocimiento fonológico: /j/
Di el nombre de cada dibujo. Pon una ficha sobre los dibujos cuyo nombre incluye el sonido /j/ de *g* (*ge*, *gi*).

Nombre ______________________________

1.

ge

2.

3.

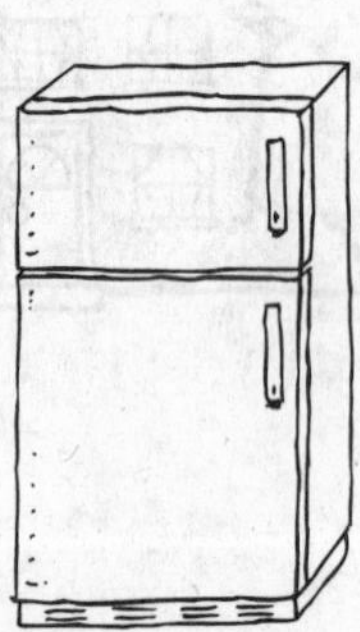

Fonética: /j/ y *g*
Mira el dibujo de cada fila. Di el nombre de cada dibujo. Escribe la sílaba que incluye el sonido /j/ de *g* (*ge*, *gi*).

Nombre ____________________

1.

2.

3.

Comprensión: Conexiones en el texto
En los dibujos se muestran los pasos que sigue un panadero para hacer el pan. Piensa en el orden en que ocurren. Escribe *1*, *2*, o *3* al lado de cada dibujo para indicar ese orden. Describe cada paso a tu compañero o compañera.

Nombre ____________________

zoológico

g

Fonética: /j/ y *g*
Di el nombre de cada dibujo. Encierra en un círculo el dibujo cuyo nombre incluye el sonido /j/ de *g* (*ge, gi*). Escribe la letra.

Nombre ______________________________

Hay mucho sol.

Gira y gira el girasol.

Palabras de uso frecuente: ***hay, nuevo***
Lee el libro a tu compañero o compañera.
Vuelve a leerlo para desarrollar fluidez.

El nuevo día

Es un nuevo día.

¡Quiquiriquí!

La vaca muge: *muuu.*

Paco llena el cubo.

¿Maduró el tomate?

Paco elige uno.

Nombre ______________________________

1.

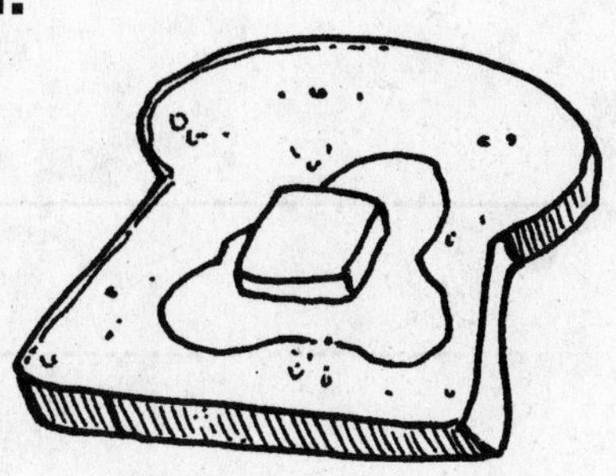

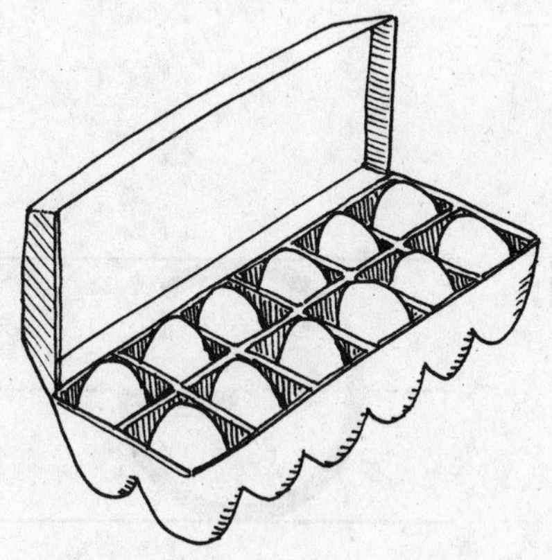

2.

3.

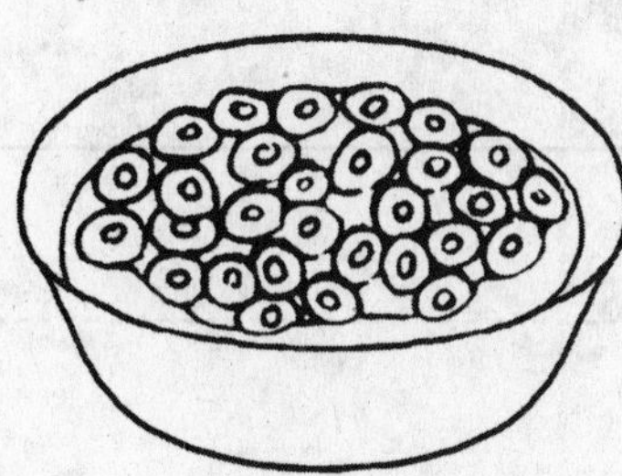

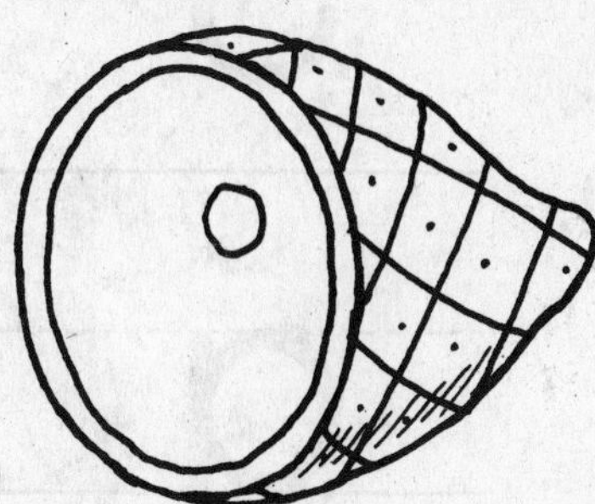

Categoría de palabras: Alimentos
Pon una ficha sobre los dibujos de los alimentos. Di el nombre de cada alimento.
Comenta qué alimentos te gusta comer.

Nombre ______________________________

1. 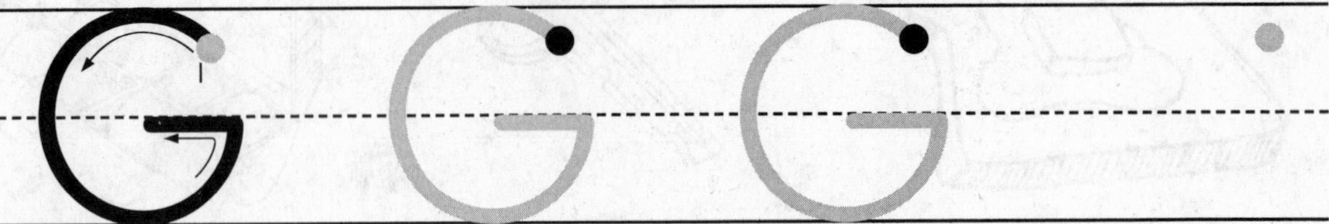

2. 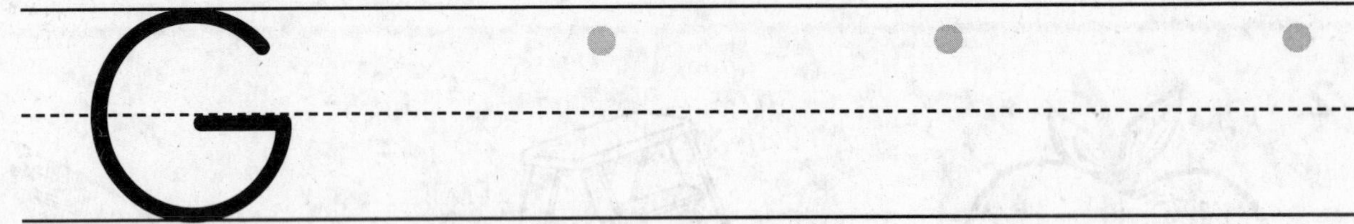

3. 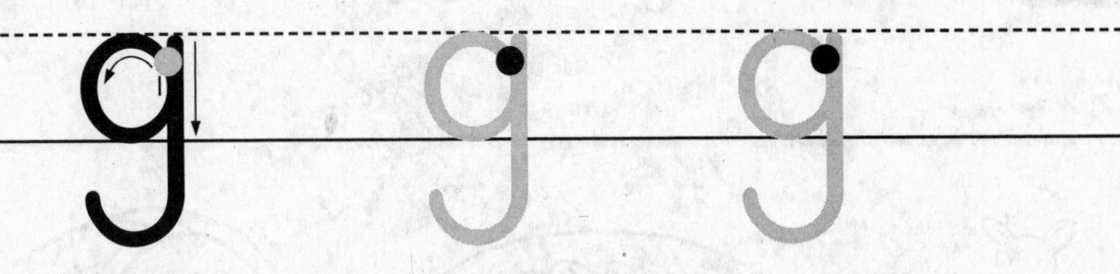

4. 

Caligrafía: *G* y *g*
Traza y escribe la letra *G*. Luego, traza y escribe la letra *g*.

Nombre ____

Reconocimiento fonológico: /k/
Di el nombre de cada dibujo. Pon una ficha sobre el animal cuyo nombre comienza con el sonido /k/.

Nombre ______________________________

1. 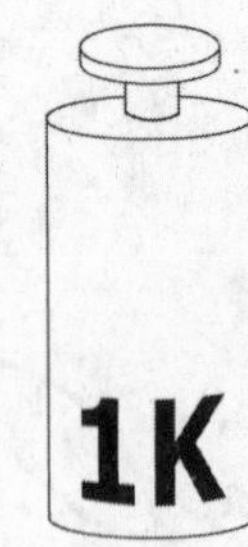

ki lo

2. 

rate

3. 

mono

Fonética: /k/ y *k*
Mira el dibujo de cada fila.
1. Traza la sílaba ki. Lee la palabra.
2. Escribe la sílaba ka. Lee la palabra.
3. Escribe la sílaba ki. Lee la palabra.

Nombre ________________________________

1.

2.

3.

Comprensión: Personaje, ambiente, trama
Mira los dibujos sobre *El pollito de la avellaneda.*

1. Encierra en un círculo el dibujo en el que se muestra quién estaba comiendo con el pollito.
2. Encierra en un círculo el dibujo en el que se muestra dónde estaba comiendo el pollito.
3. Encierra en un círculo el dibujo en el que se muestra qué necesitaba el ama para ir a salvar al pollito.

Nombre ______________________

1. k

2.

3.

4.

Fonética: /k/ y *k*
Mira los dibujos de cada fila. Escribe la letra *k* al lado del dibujo cuyo nombre comienza con el sonido /k/.

Nombre ______________________________

Ya está afinado.

¡Koala me ayudó!

Palabras de uso frecuente: ***hace, pero***
Lee el libro a tu compañero o compañera.
Vuelve a leerlo para desarrollar fluidez.

El ukelele

Toco el ukelele.

Es pequeño, pero sonoro.

Mi ukelele desafina.

¡Ayúdame, Koala!

¿Qué hace Koala?

Afina el ukelele.

Nombre ____________________

I.

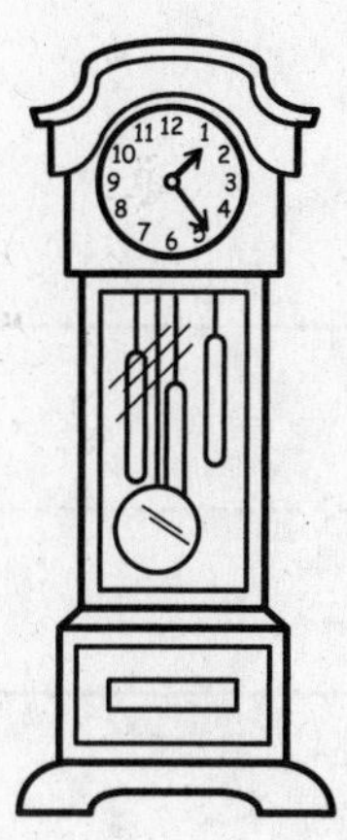

2.

3.

Categoría de palabras: Palabras para preguntar

Mira los dibujos de cada fila y piensa en preguntas que podrías hacer sobre cada uno.

I. Encierra en un círculo el dibujo sobre el que harías una pregunta con *cuándo*.
2. Encierra en un círculo el dibujo sobre el que harías una pregunta con *dónde*.
3. Encierra en un círculo el dibujo sobre el que harías una pregunta con *quién*.

Nombre ____________________

1. 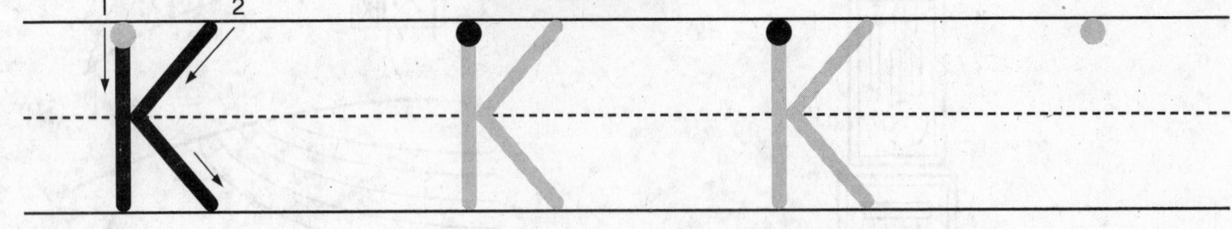

2. 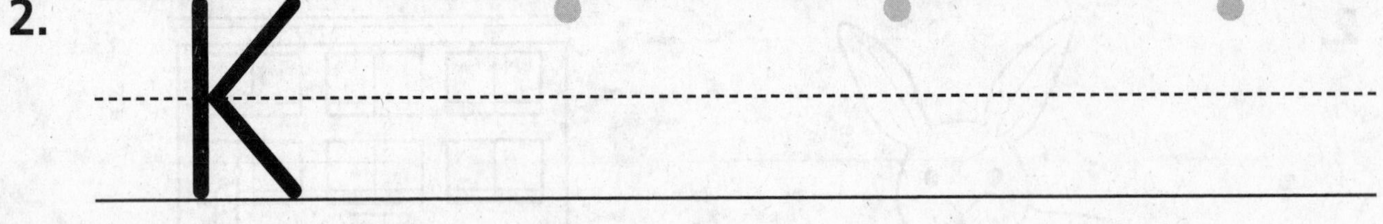

3. 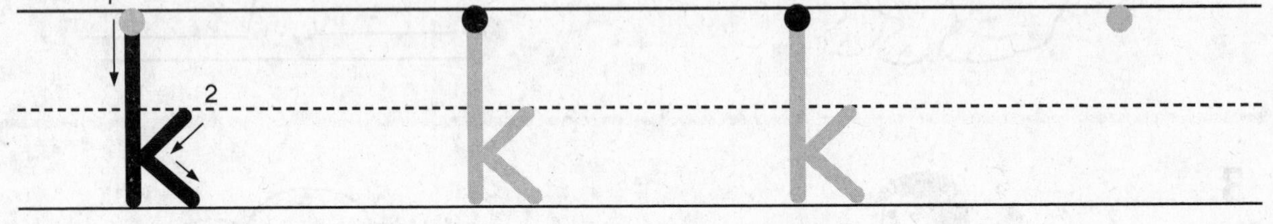

4. 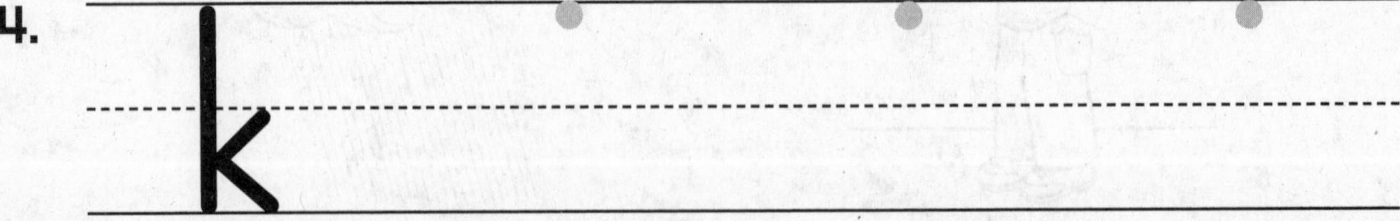

Caligrafía: ***K*** **y** ***k***
Traza y escribe la letra *K*. Luego, traza y escribe la letra *k*.

Nombre ____

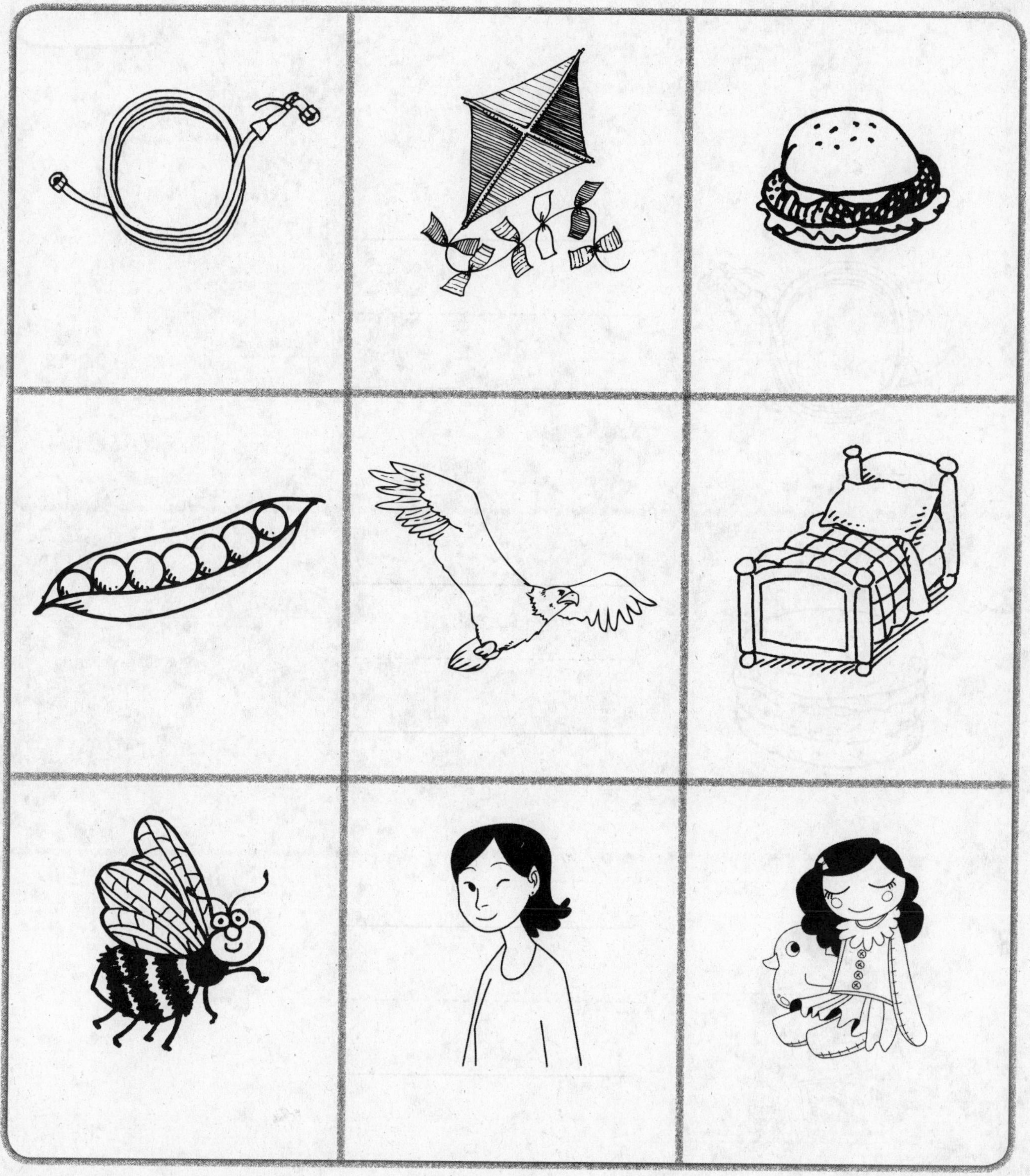

Reconocimiento fonológico: /g/
Di el nombre de cada dibujo. Pon una ficha sobre los dibujos cuyo nombre incluye el sonido /g/ de *gue*, *gui*.

Nombre ______________________________

1. 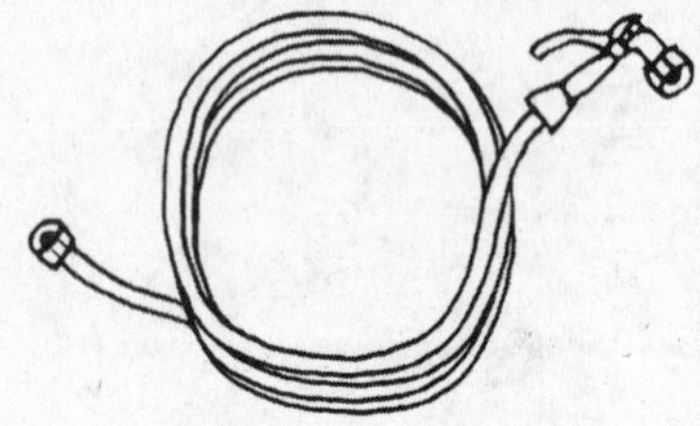

gue

2. 

3. 

Fonética: /g/ y *g*
Mira el dibujo de cada fila. Di el nombre de cada dibujo. Escribe la sílaba que incluye el sonido /g/ de *gue*, *gui*.

Nombre ________________________________

1.

2.

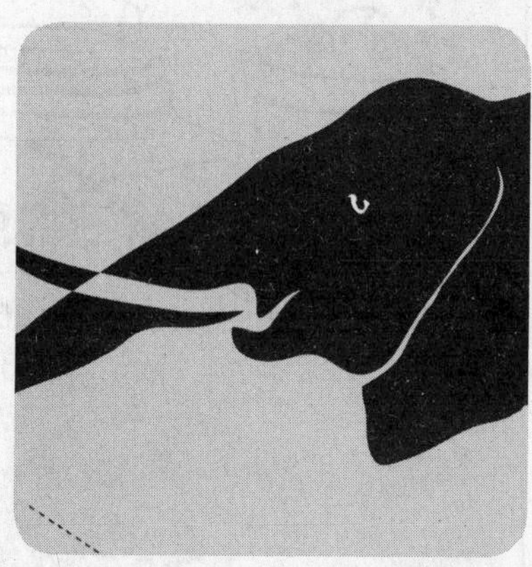

3.

Comprensión: Detalles clave
Piensa en el cuento *Ni tanto*. Mira los dibujos de cada fila. Encierra en un círculo los animales que se comparan en el cuento. Comenta con tu compañero o compañera por qué se comparan esos animales.

Nombre ______________________________

g

Fonética: /g/ y *g*
Di el nombre de las cosas que ves en el dibujo. Encierra en un círculo los objetos cuyo nombre incluye el sonido /g/ de *gue*, *gui*. Escribe la letra *g*.

Nombre ____________________

—¿Quién come?

—¡Guido y yo, mamá!

Palabras de uso frecuente: ***sin, más***
Lee el libro a tu compañero o compañera.
Vuelve a leerlo para desarrollar fluidez.

Guido y Águeda

—¿Qué ave sube más?

—¡El águila, Guido!

—¿Quién camina con

su casa?

—¡La tortuguita, Águeda!

—¿Quién teje sin lana?

—¡La araña, Guido!

Nombre ____________________

1.

2.

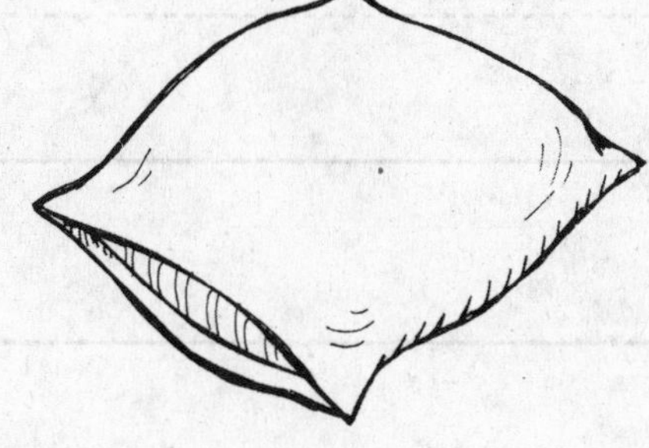

3.

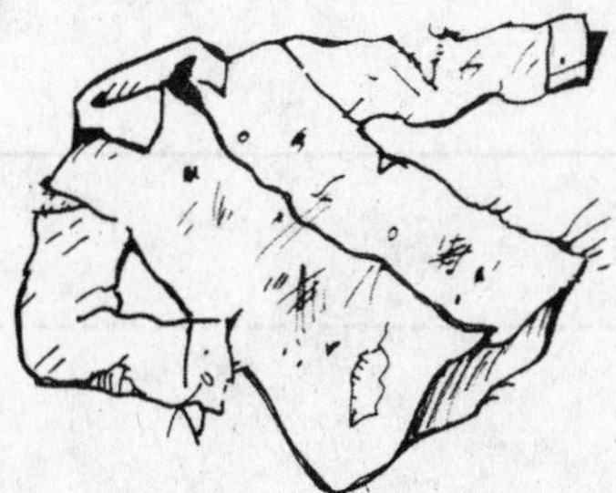

Categoría de palabras: Opuestos
Di el nombre de los dibujos. En cada fila, pon fichas sobre los dos dibujos que representan cosas opuestas.

Nombre ______________________________

1.
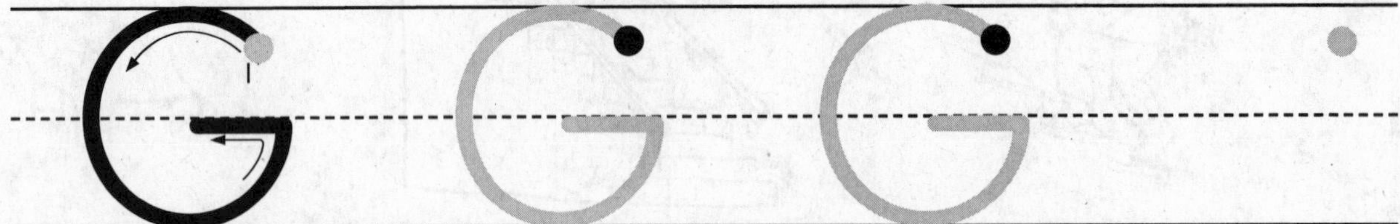

2.
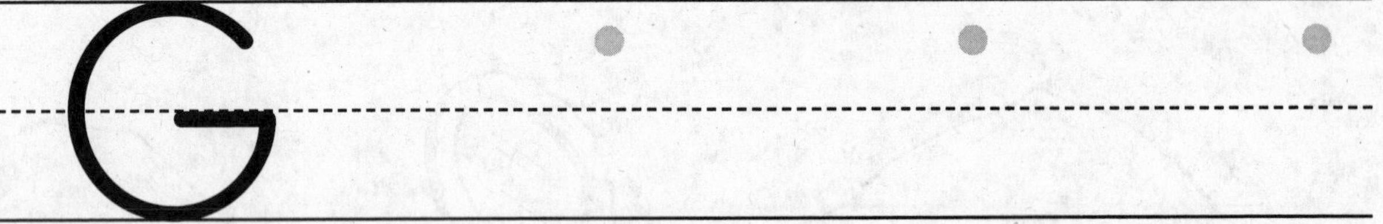

3.
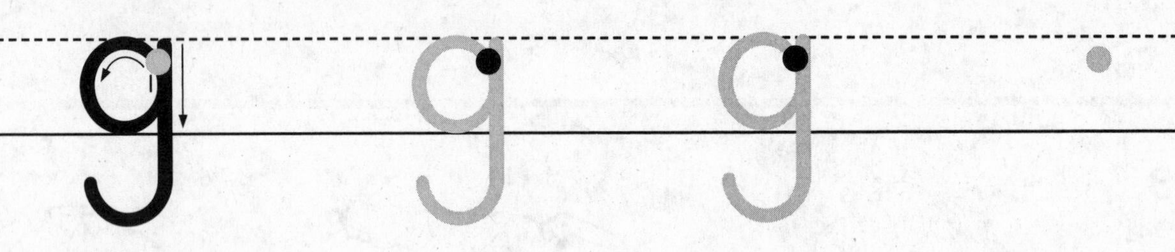

4.
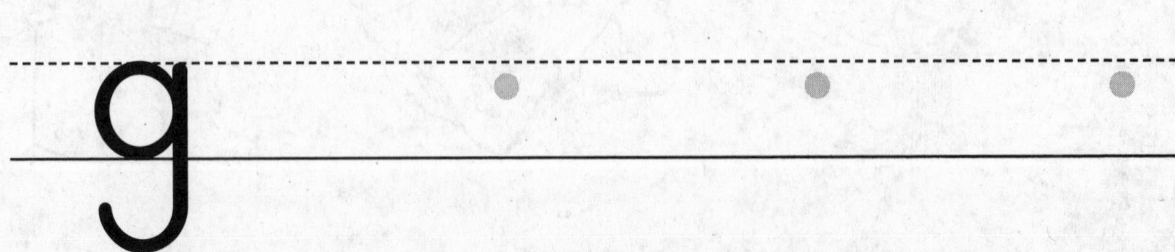

Caligrafía: *G* y *g*
Traza y escribe la letra *G*. Luego, traza y escribe la letra *g*.

Nombre ____

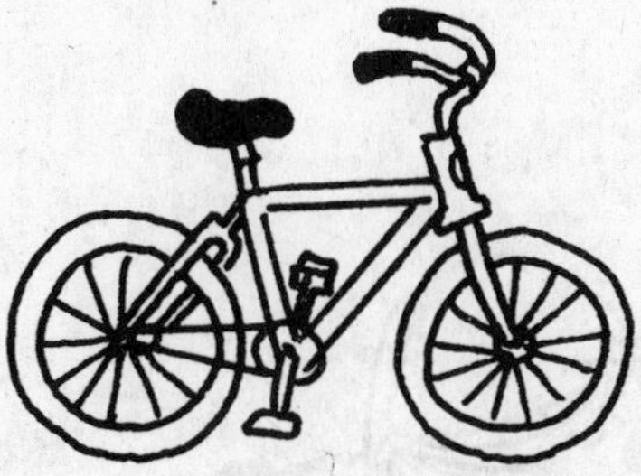

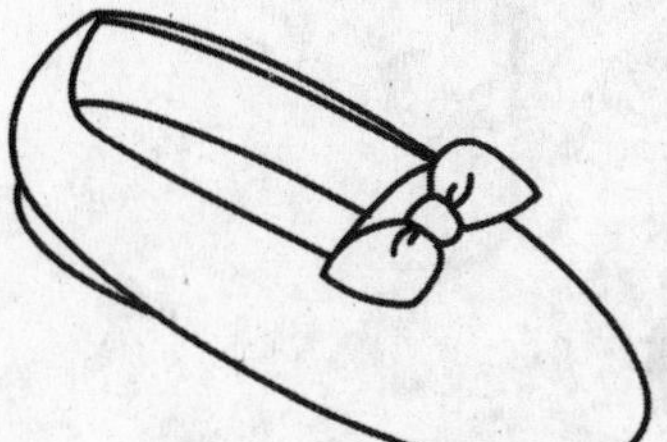

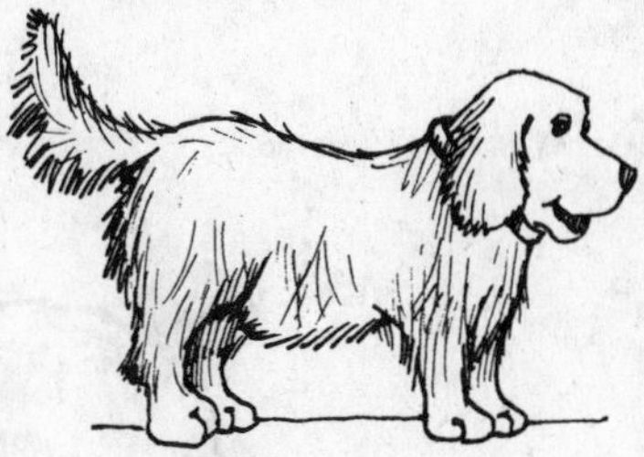

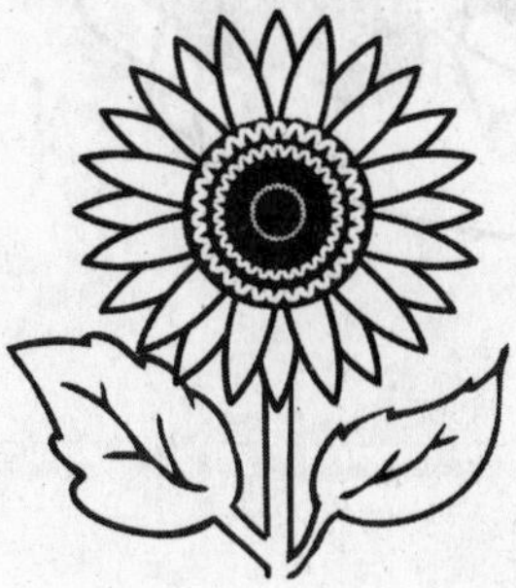

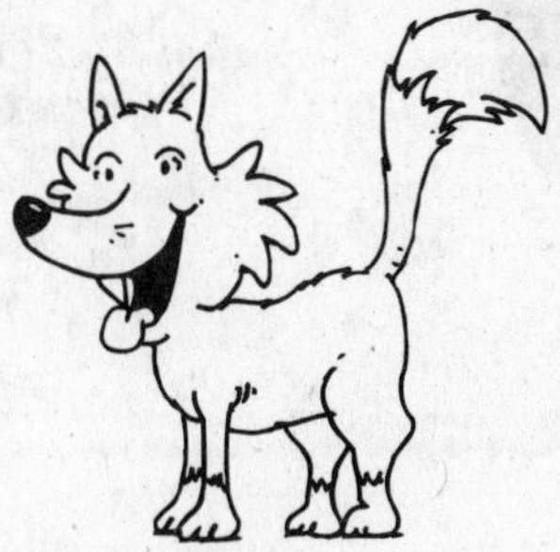

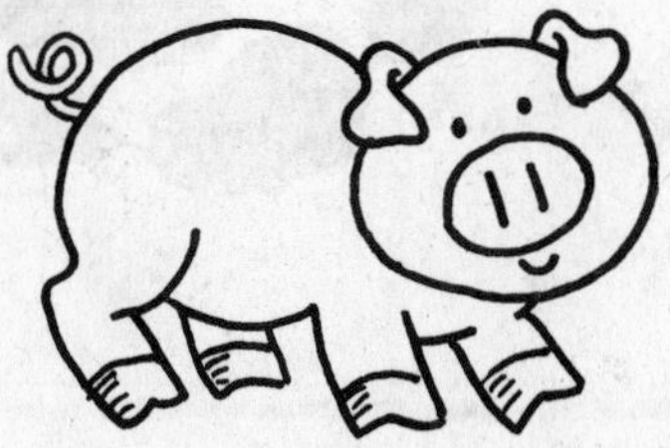

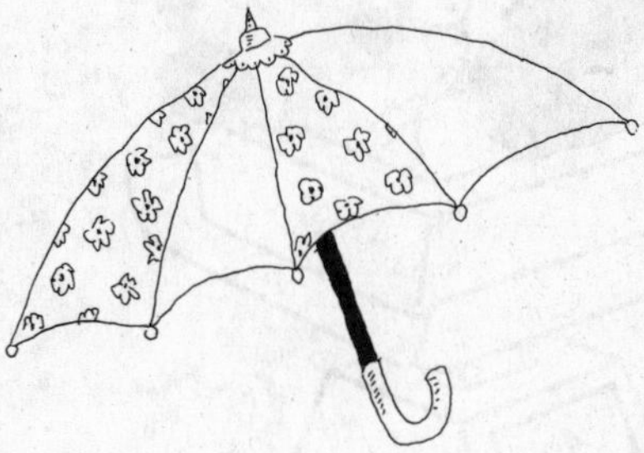

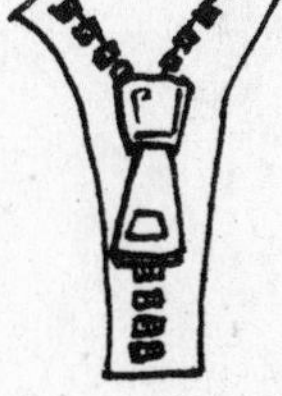

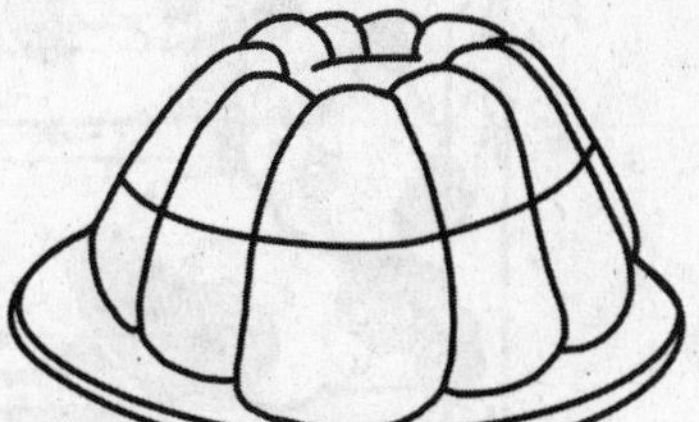

Repaso de fonética: /s/ y *z*, /s/ y *c*, /j/ y *g*
Di el nombre de cada dibujo. Pon una ficha sobre los dibujos cuyo nombre incluye el sonido /s/ de *z*, /s/ de *c* o /j/ de *g*.

Nombre ______________________________

1.

2.

Comprensión: Tema principal y detalles clave
1. Encierra en un círculo el dibujo en el que se muestra cómo una panda mamá cuida a su cría.
2. Encierra en un círculo el dibujo en el que se muestra cómo juegan los pandas en el kindergarten.
Luego, comenta a tu compañero o compañera el tema principal de *Kindergarten para pandas*.

Nombre ____________________

Juego de repaso de fonética: /s/ y *z*, /s/ y *c*, /j/ y *g*, /k/ y *k* y /g/ y *g*
Corta el papel por los bordes de líneas punteadas. Luego, dóblalo por las líneas internas con los dibujos hacia afuera y une los extremos con cinta para formar un cubo.

Nombre ____

Juego de repaso de fonética: /s/ y *z*, /s/ y *c*, /j/ y *g*, /k/ y *k* y /g/ y *g*
Tira el cubo y di el nombre del dibujo que sale. Luego, piensa en otra palabra que comience con la misma sílaba. Túrnate con tu compañero o compañera para tirar el cubo.

Nombre ____________________

Hay un cubo nuevo.
Gisela pone la lata allí.

Palabras de uso frecuente: ***hago, familia, con, también, hay, nuevo, hace, pero, sin, más***
Lee el libro a tu compañero o compañera.
Vuelve a leerlo para desarrollar fluidez.

Yo ayudo, tú también

Guille va en bici con
su papá.
Pasea, pero sin gasolina.

¿No lo uso más?

¡Hago un nido para la familia!

Karina hace un pocito.

Papá también hace un pozo.

Nombre ______________________________

1.

2.

3.

Categoría de palabras: Bebés de los animales
Pon una ficha sobre los dibujos de los bebés de los animales en cada fila. Di el nombre de cada uno.

Nombre ______________________

I.

1K

ki

2.

3.

Repaso de fonética: /s/ y *z*, /s/ y *c*, /j/ y *g*, /k/ y *k*, y /g/ y *g*

1. Encierra en un círculo el dibujo cuyo nombre comienza con la sílaba *ki*. Traza la sílaba.
2. Encierra en un círculo el dibujo cuyo nombre comienza con la sílaba *ge*. Escribe la sílaba.
3. Encierra en un círculo el dibujo cuyo nombre comienza con la sílaba *zo*. Escribe la sílaba.

Nombre ____________________

1.

ka ko ka

2.

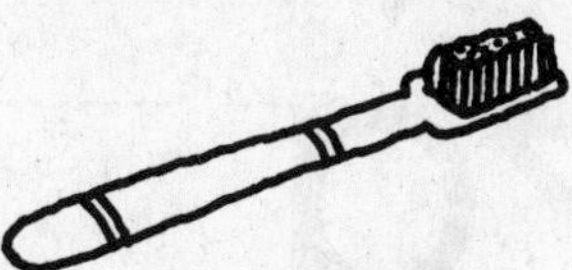

ce ci

3.

gue gui

Repaso de fonética: /s/ y *z*, /s/ y *c*, /j/ y *g*, /k/ y *k*, y /g/ y *g*
Di el nombre del dibujo de cada fila. Encierra en un círculo la sílaba con la que comienza el nombre de cada dibujo. Escribe la sílaba.

Nombre

1\. koala koala

2\. cabeza

3\. maceta

4\. guiso

Repaso de caligrafía
Lee las palabras en voz alta. Escríbelas sobre la línea.

Nombre ____________________

El abecedario

Aa

Bb
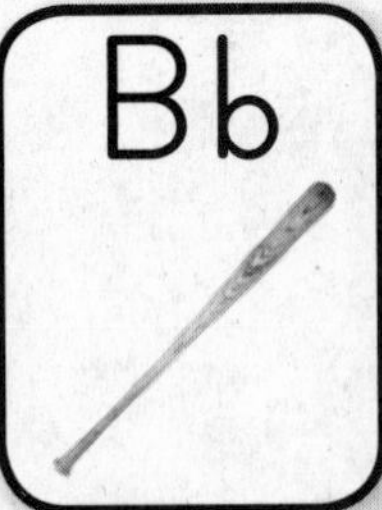

Cc

Dd

Ee

Ff

Gg

Hh

Ii

Jj

Kk

Ll
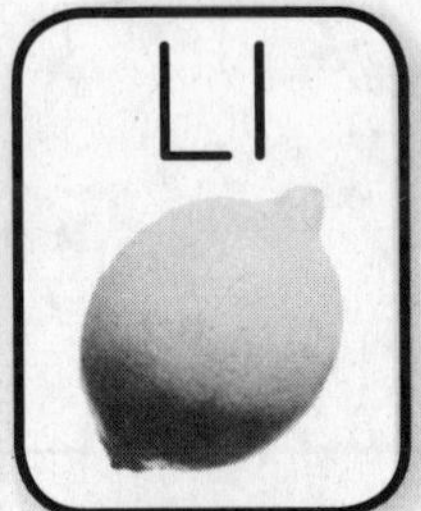

Mm

Nn

Ññ

Oo

Pp

Qq

Rr

Ss

Tt

Uu

Vv

Ww

Xx
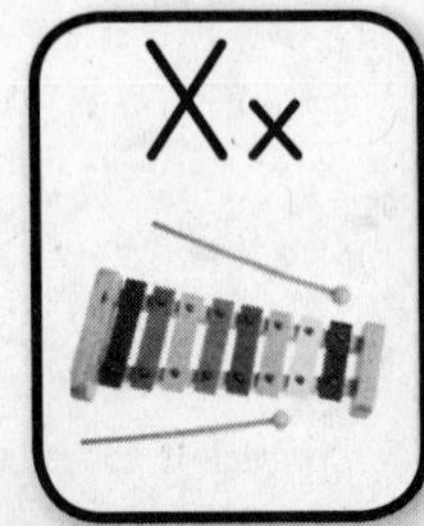

Yy

Zz

Nombre ______________________________________

Aa Bb Cc Dd

Ee Ff Gg Hh

Ii Jj Kk Ll

Mm Nn Ññ Oo

Pp Qq Rr Ss

Tt Uu Vv Ww

Xx Yy Zz

Tableros de sonidos

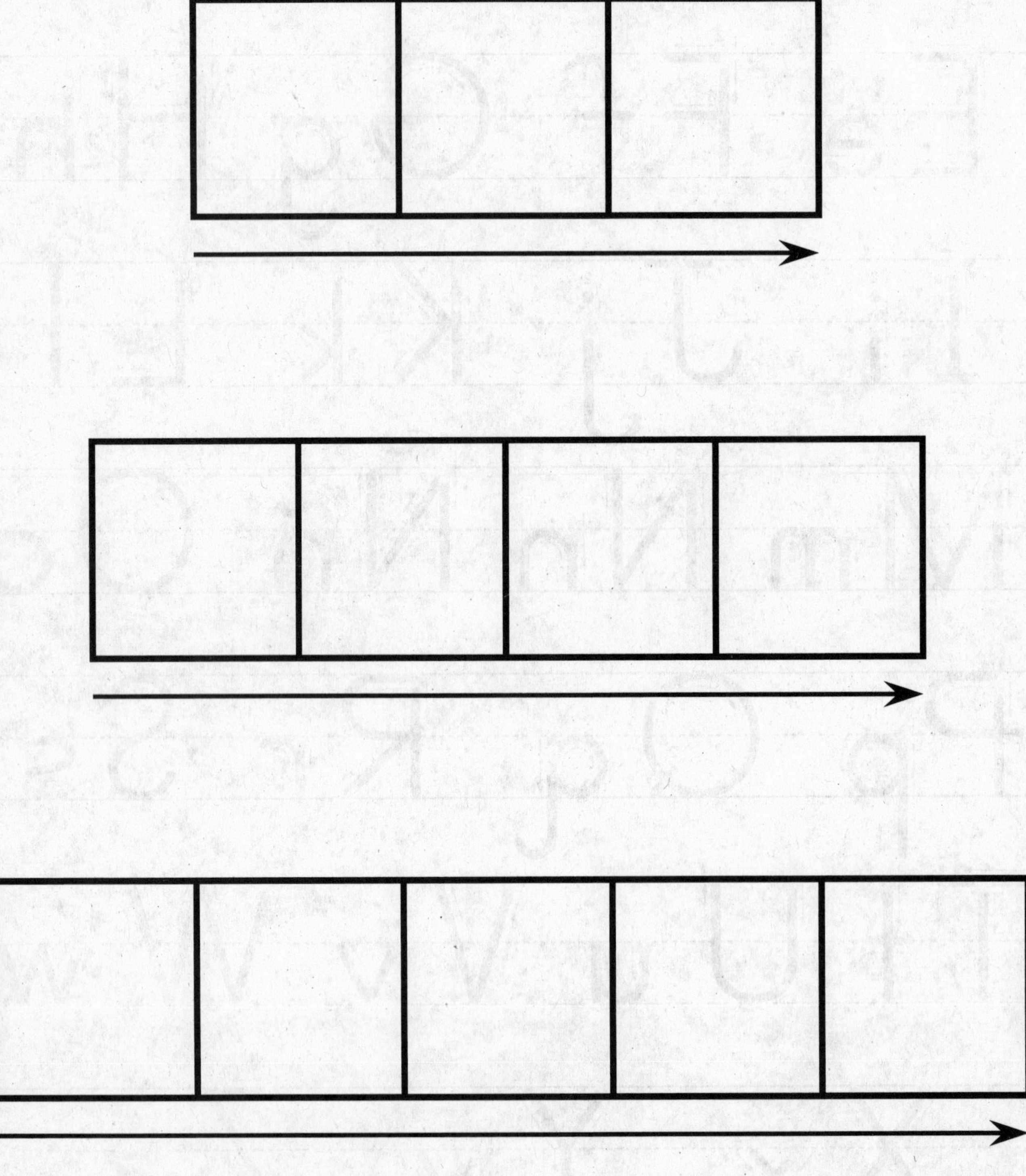